ÉTUDE MILITAIRE

GÉOGRAPHIQUE, HISTORIQUE ET POLITIQUE

SUR

L'AFGHANISTAN

PAR

André MARIOTTI

AVEC 3 PLANS.

PARIS

LIBRAIRIE MILITAIRE DE J. DUMAINE

LIBRAIRE-ÉDITEUR

Rue et Passage Dauphine, 30.

1879

ÉTUDE MILITAIRE

GÉOGRAPHIQUE, HISTORIQUE ET POLITIQUE

SUR

L'AFGHANISTAN

Extrait du **Journal des Sciences militaires.**
(Février-mars-avril 1879.)

Paris. — Imprimerie de J. DUMAINE, rue Christine, 2.

ÉTUDE MILITAIRE

GÉOGRAPHIQUE, HISTORIQUE ET POLITIQUE

SUR

L'AFGHANISTAN

PAR

André MARIOTTI

———

AVEC 3 PLANS.

PARIS

LIBRAIRIE MILITAIRE DE J. DUMAINE

LIBRAIRE-ÉDITEUR

Rue et Passage Dauphine, 30.

—

1879

ÉTUDE MILITAIRE,

GÉOGRAPHIQUE, HISTORIQUE ET POLITIQUE,

SUR

L'AFGHANISTAN[1].

I.

PRÉLIMINAIRES.

Les événements qui s'accomplissent dans l'Asie centrale ont appelé l'attention sur une contrée jusqu'à ce jour peu connue et que les géographes européens désignent sous le nom générique d'Afghanistan.

Cette région est restée si longtemps presque mystérieuse pour les peuples d'Occident, qu'aujourd'hui encore il serait téméraire d'admettre les descriptions qui nous en sont faites, quelle que soit l'autorité de ceux qui les ont écrites ou des récits des voyageurs dans lesquels elles ont été puisées, sans les examiner avec une scrupuleuse attention et sans les contrôler par tous les moyens en notre pouvoir.

Chacun voit le pays qu'il parcourt suivant ses impressions propres et les conditions dans lesquelles se fait son voyage, et chacun dépeint ce qu'il a vu suivant la situation d'esprit ou de nerfs dans laquelle il se trouve au moment où il écrit; de plus, dans le récit le mieux fait et le plus véridique, il faut distinguer ce dont le voyageur s'est rendu compte par lui-même de ce qu'il ne rapporte que par ouï-dire.

---

[1] Cette étude est divisée en huit chapitres, savoir : I. Préliminaires. — II. Données générales sur le pays et ses habitants. — III. Frontières. — IV. Orographie et hydrographie. — V. Voies de communications. Passages et défilés. Description des principales villes et des principaux points stratégiques. — VI. Organisation intérieure, administrative et militaire. — VII. Aperçu historique. — VIII. Relations politiques de l'Afghanistan avec l'Angleterre, depuis le commencement du xixe siècle jusques et y compris les événements qui ont donné lieu au conflit actuel.

Il y a dès lors pour quiconque est chargé de faire la description d'un pays, un soin minutieux à prendre afin de rester dans la stricte vérité; je me suis efforcé de ne pas m'en écarter, mais avant d'entretenir le lecteur du résultat de mes recherches, je tiens à lui dire que la géographie de l'Afghanistan est loin d'être faite, et que ce ne sera qu'après une longue et solide occupation de tout le pays par une armée européenne qu'on pourra avoir sur cette région des données à peu près indiscutables.

C'est au commencement du xviiie siècle seulement que nous trouvons une première relation sur les Afghans. Elle est due au père Krusinski, de la compagnie de Jésus, qui les a vus à Ispahan, lors de la conquête qu'ils firent de la Perse vers 1722.

Ensuite vient un récit de Forster, qui visita l'Afghanistan en 1782, en se rendant par terre du Bengale à Saint-Pétersbourg. Ce récit a pour titre : *A journey from Bengal to England*; il a été publié à Londres en 1798 et traduit en français par M. Langlès.

En 1809, Elphinstone alla à Peschawar, chargé par le gouvernement des Indes d'une mission auprès du schah de l'Afghanistan, ayant pour but de contrecarrer les projets de l'empereur Napoléon qui avait envoyé le général Gardanne en Perse. La relation qu'Elphinstone a faite de son voyage est une des plus remarquables qui existent; malheureusement il n'a vu qu'une petite partie du pays. Cette relation est intitulée : *An account of the Kingdom of Cauboul;* elle a été publiée pour la première fois à Londres en 1815; une seconde édition a paru en 1838, revue, corrigée et augmentée par l'auteur. Cette dernière édition a servi de base à un travail de M. Perrin, dont je vais parler.

De 1831 à 1833, un officier de l'armée des Indes, M. Burnes, a exécuté différents *Voyages de l'embouchure de l'Indus à Lahore, Caboul, Balk et à Boukhara et retour par la Perse.* La relation qu'il en a laissée est on ne peut plus complète et intéressante. En 1834, la Société royale de géographie de Londres a jugé que ce travail méritait le prix qu'elle se réservait d'adjuger à l'ouvrage qui avait le plus contribué à étendre le domaine de la science géographique; entrant dans les mêmes idées, la Société de géographie de France décida en 1835 qu'une médaille d'argent serait décernée à M. Burnes pour cette relation. L'ouvrage de M. Burnes a été traduit en français, en 1835, par M. Eyriès.

M. Burnes a complété les renseignements géographiques qu'il avait commencé à fournir sur l'Asie centrale, par un ouvrage publié à Londres en 1834 et intitulé : *Travels into Bokhara;* et par une relation ayant pour titre : *Cabool, being a personal narrative of a journey to that city,* qui parut à Londres en 1842. Cette dernière relation fut rédigée par le capitaine Burnes à la suite de deux voyages qu'il fit à Caboul vers 1838, dans un but semblable à celui qui avait amené Elphinstone à Peschawar, mais dirigé alors contre les agissements de la Russie.

Vers la même époque, MM. Masson et Honizberger ont parcouru une partie de l'Afghanistan, à la recherche des antiquités du pays; ils y ont fait une récolte de médailles bactriennes fort importante, mais leurs mémoires, rédigés dans un but scientifique absolument spécial, ne présentent qu'un intérêt secondaire au point de vue qui nous occupe.

En 1842, parut un ouvrage intitulé *l'Afghanistan*, écrit par un français, M. Perrin, ancien élève de l'École royale des langues orientales, et alors collaborateur des *Annales des voyages*. L'ouvrage de M. Perrin, élégamment écrit et savamment rédigé, contient une description fort instructive du pays et principalement de ses mœurs, de ses coutumes et de ses institutions. L'auteur s'est appuyé pour faire ce travail sur les documents les plus sérieux qui existaient à cette époque et notamment sur les récits d'Elphinstone.

Les expéditions des Anglais, de 1839 à 1842, ont été l'occasion de nouvelles publications sur l'Afghanistan; elles nous ont valu, entre autres, la relation de Hough, sorte de journal des marches et opérations de l'armée des Indes, qui parut à Londres en 1839 et est intitulé : *Narrative of the march and operations of the army of the Indus in the expedition of Afghanistan;* celle de Havelok, récit de la guerre de l'Afghanistan, qui fut imprimée à Londres en 1840 sous le titre de : *Narrative of the war in Afghanistan 1838-39;* celle de Outram, sur l'Indus et l'Afghanistan, publiée à Londres en 1840 et intitulée : *Rough notes of the Campaign in Sind and Afghanistan 1839-40;* enfin, celle du lieutenant Wood, qui contient la plus sérieuse de toutes les études que nous possédions sur le cours supérieur de l'Oxus ou Amon-Daria. Ce travail, intitulée : *A Personnal narrative of a journey to the source of the river Oxus,* parut à Londres en 1841.

En 1846, M. Vivien de Saint-Martin publia, dans les *Nouvelles annales de voyages*, de remarquables articles sur les acquisitions que la géographie devait aux derniers événements de l'Afghanistan. *L'Histoire universelle des découvertes géographiques des nations européennes, dans les diverses parties du monde,* que le même auteur a fait paraître de 1845 à 1847, est une œuvre capitale qui s'impose à tous ceux qui s'intéressent aux sciences géographiques.

En 1860, fut imprimée la relation des *Voyages en Perse et dans l'Afghanistan,* de Ferrier, ouvrage qui renferme de nombreuses données nouvelles, particulièrement sur la partie occidentale de l'Afghanistan.

En 1863, M. Arminius Vambéry, voyageur hongrois, parcourut, sous un déguisement, au delà de la Perse, les provinces turkomanes où nul étranger ne pouvait pénétrer. Après s'être préparé pendant plusieurs années à jouer le rôle de derviche, qu'il remplit jusqu'à la fin de son voyage, il partit de Téhéran avec une troupe de pèlerins, traversa les déserts des Turkomans, visita Mesched, Khiva, Bockara, Samarcand, et, revenant par le sud, parcourut la route qui traverse l'Afghanistan, d'Andkoi à Hérat. M. Vambéry rapporta de ce voyage de précieuses données géographiques, qu'il consigna dans un livre publié simultanément en Hongrie, en Allemagne et en Angleterre, sous le titre de : *Relation de voyage dans l'Asie centrale, pendant les années 1862-1864, par un faux derviche*. Le journal français *le Tour du Monde* a publié, en 1865, une traduction de cet ouvrage, par M. Forgues, qui parut, du reste, la même année, dans une édition spéciale de la maison Hachette; cette édition fut elle-même abrégée, pour être mise à la portée de tous, par M. Belin de Launay, dans un petit volume publié en 1868.

Pour clore cette liste de documents géographiques relatifs à l'Afghanistan, je citerai encore le *Nouveau Dictionnaire de géographie universelle*, de M. Vivien de Saint-Martin, actuellement en cours de publication, qui renferme déjà la description générale et l'histoire sommaire de ce pays.

Depuis la déclaration de guerre, les journaux anglais, russes, français, allemands, etc., rivalisent de zèle pour tenir leurs lecteurs au courant des événements qui se produisent dans l'Afghanistan, et mettre sous leurs yeux tous les documents qui leur paraissent de nature à les instruire sur la géographie de ce pays.

Ne voulant m'occuper ici que des journaux français, et, sans parler de la *Revue militaire de l'étranger*, à laquelle le caractère officiel de sa publication et l'autorité de ses rédacteurs en semblable matière donnent une valeur incontestée, je citerai, comme pouvant être particulièrement consultés avec fruit, les articles du journal *le Temps*, dus à M. de Coutouly, ainsi que tous ceux qui ont paru dans cette feuille, remarquable par la sûreté de ses observations sur les événements et les pays qui sont aujourd'hui l'objet de notre attention. Le *Journal des Débats* a également publié une série d'articles particulièrement instructifs et intéressants; le *Bulletin de la Réunion des officiers* donne à ses lecteurs une étude due à M. le capitaine Le Marchand, auteur de plusieurs ouvrages sur l'Asie central, qui présentent un grand intérêt. *L'Armée française, l'Avenir militaire*, sont également une source d'informations précieuses.

Les cartes qui paraissent les meilleures pour étudier la géographie de l'Afghanistan sont celles : *de l'Atlas topographique, de l'Inde anglaise;* celle de Kiepert, au 3/1,000,000, intitulée : *Karte von Iran. Oestliche Halfte : Afghanistan, Baluchistan und die Ozbegischen Khanate am Oxus;* celle de Kiepert, au 1/600,000, intitulée : *Special-karte der Landschaft zwischen Kabul und dem Indus;* celle de Petermann : *Russisch-Turkisch-Persisch-Englisch Greuzænder;* celle de Stanford; *A map of the Indian and Afghan frontier;* celle de Stanford : *Map of western Asia;* celle de Wyld, au 2/1,027,520, intitulée : *Military staff map of Central Asia and Afghanistan.*

Au moment où cette étude est livrée à l'impression, le Dépôt de la guerre fait tirer une carte de l'Afghanistan au 3/1,500,000.

Pour éviter à mes lecteurs la peine de longues recherches, j'ai joint à mon travail quelques cartes au 1/600,000, que j'ai fait établir d'après les données les plus récentes, et qui contiennent des renseignements suffisants pour suivre les opérations militaires.

Ces cartes spéciales sont intitulées :

1° *Route de Peschawar à Caboul, par le Khyber;*

2° *Route de l'Indus à Caboul, par le Kurum;*

3° *Route de Dadar à Candahar, par les passes de Bolan, du Khodjak et de Ghwaja.*

Avant d'aborder la description géographique de l'Afghanistan, il est nécessaire que le lecteur soit au courant de la formation des noms géographiques que l'on retrouve à chaque instant sur les cartes. Le tableau ci-après fait connaître celle des noms principaux :

Français.	Afghan on persan.
Cours d'eau.	Ab, Su.
Rivière.	Rud, Tschaï.
Fleuve.	Daria.
Source.	Bulak, Kuyu, Kuduk.
Marais.	Hamun.
Lac.	Kol, Mechileh.
Plaine.	Dacht.
Montagnes.	Koh, Ghor, Tagh, Tau.
Pointe, pic.	Sar.
Défilé.	Kotal.
Village.	Deh.
Ville.	Abad, Scheher, Pur, Negar.
Place forte.	Kilai.
Forteresse.	Kôb.
Camp.	Dera.
Tribus (les fils).	Zai.
Petite tribu.	Khel.

II.

DONNÉES GÉNÉRALES SUR LE PAYS ET SES HABITANTS.

L'Afghanistan est plutôt une expression géographique qu'un Etat proprement dit, car il manque complétement d'unité politique nationale.

Ce pays, dont le nom même est sujet à contestation, est formé par la réunion bizarre de plusieurs contrées distinctes les unes des autres, non-seulement par l'origine des races qui les habitent et leur histoire, mais aussi par leur situation géographique.

Comme nous le verrons dans le cours de cette étude, ces races, que les événements ont réunies sous l'autorité souvent nominale de l'émir de Caboul, forment tantôt des groupes compacts, royaumes ou principautés, tantôt des tribus ou des clans éparpillés, et se rattachent, soit entre elles, soit avec le pouvoir central, par des liens tellement lâches et si souvent brisés, puis renoués, qu'il est difficile de représenter exactement les contours de la « confédération » formée par les pays que nous sommes habitués à appeler Afghans.

Cette confédération, qui offre un singulier mélange des formes monarchiques, républicaines et patriarcales, n'a aucun rapport avec l'idée que peut nous donner, dans l'Europe actuelle, la réunion de plusieurs peuples sous un même drapeau, et se rapproche plutôt d'une organisation sociale telle qu'on la comprenait aux temps féodaux.

Ces réserves faites, nous pouvons dire que l'Afghanistan forme une sorte de quadrilatère, se prolongeant en pointe vers l'E.-N.-E., et dont les côtés sont irréguliers, surtout sur la frontière orientale. La longueur moyenne de ce pays (direction N.-S.) peut être évaluée à 750 kilomètres; sa largeur moyenne (direction E.-O.) a environ 600 kilomètres; sa superficie serait donc à peu près égale à celle de la France.

L'Afghanistan est compris entre 58°,30' et 73° de longitude E. (méridien de Paris), 28° et 38°,30' de latitude N.

La population de l'Afghanistan est de 7 à 8 millions d'habitants : l'état-major russe, dans une statistique détaillée, l'évalue à 6,000,000 d'habitants seulement; certains auteurs lui en accordent 12 millions; en réalité, on n'a aucune donnée certaine pour en déterminer exactement le chiffre; celui de 12 millions nous paraît cependant exagéré.

Placée à cheval sur le massif montagneux qui sert de ligne de partage aux eaux qui se déversent au nord vers la mer Caspienne ou la mer d'Aral, et au sud vers l'océan Indien, cette population se divise tout d'abord en deux grandes catégories, dont l'une appartient, par les mœurs et par les idiomes originaires, aux races du *Touran*, c'est-à-dire de la grande dépression aralo-caspienne, et l'autre, à celle de l'*Iran*, vaste région de plateaux qui, des montagnes de l'Arménie, s'étend jusqu'à la ligne de faîte qui limite, au N. O., le bassin de l'Indus.

Le Touran presque tout entier est aujourd'hui le vassal de la Russie; l'Iran est l'objet des convoitises de l'Angleterre.

Ainsi qu'un simple coup d'œil jeté sur une carte permet de s'en rendre compte, l'Afghanistan forme l'extrémité orientale de l'Iran. Les langues qu'on y parle sont des dialectes iraniens; mais, par sa situation entre l'Iran, le Touran et l'Hindoustan, la population iranienne, par essence, appartient à trois domaines ethnographiques et se compose de races différentes ou mélangées.

Ces races sont au nombre de neuf : les Afghans, les Tats (Parsivans, Sarthes, Galchas ou Tadjiks), les Kafirs, les Kizilbachis, les Hézaris, les Ouzbegs, les Arabes, les Djats et les Hindous.

Les Afghans méritent une attention spéciale, puisque ce sont eux qui forment la race prépondérante dans le pays, dont ils représentent plus de la moitié de la population; qu'ils en sont les véritables aborigènes et que c'est d'eux qu'il a pris son nom.

Leur origine a été dans le monde savant l'objet de nombreuses contestations.

Ils se disent de race juive et font remonter leur généalogie au roi Saül. « On défend cette thèse, dit M. de Coutouly, en observant qu'ils ont le type juif, que leurs traditions sont formelles, qu'ils sont divisés en clans et en familles, qu'ils pratiquent la cérémonie du bouc émissaire et qu'ils établissent des lieux de culte sur les hauteurs. » Mais cette théorie rencontre une objection bien sérieuse : c'est qu'il ne se trouve aucune trace d'éléments hébreux dans la langue afghane, évidemment iranienne.

On peut, en outre, démontrer aujourd'hui, aussi bien par les témoignages de l'histoire que par les rapprochements ethnologiques, que, depuis les temps les plus reculés, les Afghans ont habité le bassin du Caboul-Daria, où les écrivains anciens nous les montrent sous le nom véritablement national, qu'ils portent encore en Orient, de *Pathans*, ou mieux de *Pouchtoun* ou *Poukhto*, et, au pluriel, *Pouckhtâneh*.

Hérodote, qui écrivait 450 ans avant l'ère chrétienne, désigne la vallée où le Caboul-Daria (Cophès des anciens) se réunit à l'Indus, sous le nom de Pâkhtouiké.

« Les historiens d'Alexandre, dit M. Vivien de Saint-Martin[1], ne mentionnent pas cette dénomination; chez eux, le peuple principal de ces cantons porte le nom d'Assakènes ou Assacani. Ce nom est de formation sanscrite. Dans la grande géographie du Mahâbhârata (la grande épopée de l'Inde ancienne), les peuples du Gandhâra sont appelés Açvaka (*les cavaliers*), ou, par contraction de la langue usuelle, Assaka. Dans ce nom d'origine indienne, on ne saurait méconnaître raisonnablement le nom même d'Afghan, qui n'est autre chose qu'une forme contractée d'Açvakân.

« Bien plus, ajoute M. Vivien de Saint-Martin, parmi les nombreuses tribus afghanes, il en est beaucoup dont les noms se retrouvent dans les anciens poèmes sanscrits; et la communauté des noms prouve que ces tribus sont apparentées avec les populations indigènes de tout le nord-ouest de l'Inde. »

C'est donc dans les hautes vallées situées entre l'Indus, l'Amou-Daria ou Oxus et la rivière de Caboul, que le peuple afghan a son origine et qu'il s'est développé.

La race afghane est belle : le corps est vigoureux et bien proportionné; les traits sont réguliers.

Au point de vue de la manière de vivre, les Afghans se divisent en deux catégories : les sédentaires, ou mieux « habitants à demeure fixe, » et les nomades.

C'est dans la région orientale du pays qu'on rencontre le plus d'Afghans « sédentaires. »

Leurs mœurs sont polies, leurs manières affables; il y a en eux peu de signes extérieurs de distinction, de rang ou de caste, mais tous se font remarquer par leur respect pour la vieillesse.

« J'ai toujours trouvé, dit Elphinstone, leur conversation et leurs questions, sinon larges, au moins rationnelles. Ils n'ont point la subtilité d'esprit de leurs voisins les Persans, et le peu de rapports qu'ils entretiennent avec les étrangers donne une certaine étroitesse à leur intelligence; mais dans l'état de la société au sein de laquelle ils vivent, société dans laquelle tout individu est obligé de défendre ses droits et d'avoir quelque importance dans la communauté, leurs facultés intellectuelles appelées à s'exercer sans cesse acquièrent un réel développement. Aussi la masse de la population

---

[1] *Dictionnaire de Géographie universelle.*

se fait-elle remarquer par son bon sens et son grand désir d'acquérir de nouvelles connaissances. »

Les Afghans prennent un certain soin de l'instruction de leurs enfants; cette instruction est confiée à des *mollahs*, prêtres ou instituteurs, et souvent l'un et l'autre.

Chaque village, ou même chaque groupe de tribus nomades, possède un mollah, auquel un revenu spécial est affecté; de plus, chaque grande ville a au moins un établissement d'instruction, entretenu tantôt par des donations particulières, tantôt par les soins mêmes du gouvernement.

L'instruction des enfants se borne le plus souvent à la lecture et à l'étude du Coran; les jeunes gens de condition supérieure étudient aussi les classiques persans et un peu d'arabe. Les mollahs doivent connaître la théologie, la métaphysique telle qu'on l'entend en Orient, l'histoire, la littérature et surtout la médecine. Les jeunes gens qui se destinent à la profession de mollah vont souvent, pour étudier ces différentes sciences, jusqu'à Bockhara, qui est un grand centre d'instruction musulmane.

La langue afghane est le *poukhtou*, dont on n'a pu jusqu'à présent déterminer l'origine. Cette langue, qui appartient à la famille iranienne, renferme une foule de mots ou de racines dans lesquelles les philologues retrouvent le contact du sanscrit.

Les Afghans emploient pour écrire l'alphabet persan, mais en se servant le plus souvent du caractère *neski*, qui est employé par les Arabes et les Turcs.

Les Afghans ont une littérature qui leur est propre; mais les écrivains poukhtou sont tous assez modernes.

« Cette littérature, d'après M. Perrin, n'est qu'une imitation de celle de la Perse; les compositions s'en distinguent cependant par une facture plus rude et une plus grande simplicité. »

Les souverains de l'Afghanistan ont de tout temps encouragé les lettres. Ahmed-Schah avait fondé une sorte d'Académie qu'il présidait lui-même toutes les semaines; son fils Timour et ses successeurs s'inspirèrent de son exemple. Timour a même laissé un recueil de poésies que les orientalistes apprécient; et le dernier schah de Caboul, Choudja, passait pour l'un des esprits les plus cultivés de l'Orient.

Les Afghans qui habitent dans les villes sont presque tous des grands seigneurs, des soldats ou des fonctionnaires de l'État, que leur position sociale oblige à y résider. Si étrange que cela puisse paraître, il est cependant certain, en effet, que dans ce pays la race dominante ne forme que l'élément le plus minime de la population des cités.

La cause en est en ce que les Afghans regardent comme peu

dignes d'un homme la plupart des occupations qui y retiennent généralement les habitants.dans les autres pays. Ils abandonnent aux Hindous la banque et les opérations commerciales. Ils ne consentiraient pas à exercer un art mécanique; et, s'ils ne peuvent se suffire par leurs seules ressources personnelles dans les villes, ils restent dans les campagnes, où ils s'adonnent assez volontiers à l'élevage des troupeaux et même à l'agriculture.

La vie pastorale et nomade, de moins en moins appréciée, il faut le reconnaître, est cependant encore très-populaire chez les Afghans. Elle leur offre, en effet, plusieurs avantages qu'il leur serait difficile de trouver dans un autre genre d'existence : l'aisance sans grand travail, la sécurité, une grande variété dans la vie, le plaisir de la chasse, qui n'est nulle part aussi aimé que dans ce pays, et enfin une liberté complète.

Tous les Afghans sont passionnés pour l'indépendance. Amis du danger, recherchant volontiers les aventures de toutes sortes, endurcis aux fatigues et aux intempéries, braves, hardis, agiles et sobres, intrépides cavaliers et solides marcheurs, ils sont éminemment propres à faire de bons soldats, et forment une race énergique, guerrière, turbulente et batailleuse, qui, réunie dans un moment de crise par son amour de la patrie et par la haine de l'étranger, serait capable des plus grandes choses.

Mais toute médaille a son revers, et à ces belles qualités les Afghans opposent souvent de grands défauts : ils passent notamment pour n'avoir que fort peu de respect pour la propriété de quiconque n'appartient pas à leur clan ou à leur famille, et pour pousser l'esprit de la vengeance au delà de toutes les limites.

Dans une série d'articles que M. le général Wolseley a publiés sur l'armée des Indes et qui ont paru dans la *North-American Review*, cet officier général, parlant des diverses races qui concourent à la formation de cette armée, fait un portrait des Afghans que mes lecteurs me sauront gré de mettre sous leurs yeux, et que je reproduirai tel qu'il a paru dans la *Revue militaire de l'étranger* du 28 septembre dernier.

Cet article se rapporte, bien entendu, aux Afghans qui habitent le long des frontières de l'Inde et notamment les environs de Peschawar; mais on peut admettre, sans crainte d'erreur, que le tableau qui y est fait de leur caractère et de leurs mœurs s'appliquerait aussi bien à une grande partie de leurs compatriotes restés indépendants.

« Les Afghans, dit le général Wolseley, sont en général dévoués entièrement à leur pays et à leur clan; ils possèdent ce que nous appellerions une grande vanité de naissance, et font remonter très-haut leur origine à travers une longue suite d'ancêtres. Ils sont vindicatifs et rapaces, braves, hardis, rusés et prudents.

« Les Afghans sont presque toujours en guerre; ils luttent non-seulement de tribu à tribu, de village à village, mais encore de famille à famille. Chaque famille tient à jour, en ce qui concerne ses voisins, une sorte de compte de débit et de crédit; une mort en exige une autre.

« Non-seulement l'assassinat de sang-froid est permis, mais il est ordonné comme par un article de foi. Le code de la morale aussi bien que celui de l'honneur prescrivent à l'Afghan de tuer sur-le-champ, dès qu'il le rencontre, l'homme avec lequel ou avec la famille duquel sa famille a une question de sang.

« Il arrive souvent, continue le général Wolseley, qu'un de nos soldats demande à son officier une courte permission, soi-disant pour aller visiter ses amis dans la montagne; en réalité, il veut tuer quelque voisin odieux à sa famille, ou bien encore il se propose de faire la balance des comptes ouverts au chapitre du meurtre, entre son village et ses parents et quelque autre village ou quelque autre famille du district. Sa permission obtenue, il se dirige vers les montagnes où sa race vit dans l'indépendance par delà nos frontières, et, après avoir tué son homme, il retourne à ses devoirs militaires entièrement satisfait de lui-même.

« Le sang pour le sang, le fer et le feu pour tous les infidèles, tels sont les deux principaux commandements de ces peuples.

« L'hospitalité est une vertu dont ils font le plus grand cas. Tant que vous êtes sous le toit d'un de ces hommes, vous n'avez rien à craindre; une fois que vous l'avez quitté, ce même hôte qui, une heure auparavant, déclarait que tous ses biens vous appartenaient, cet hôte qui se proclamait votre esclave et se laissait aller à ces fictions orientales de pure convention, vous assassinera sans scrupule, avec le plus grand sang-froid, si par hasard il a pris fantaisie des vieilles bottes que vous portez.

« Chez les Pathans, la mère prie afin que son fils devienne un voleur émérite, et les mollahs, dont l'influence est grande chez ce peuple, les encouragent même dans leur penchant au vol. La plupart de ces tribus n'ont d'autres ressources que leurs troupeaux. Comme la conduite et la garde du bétail n'occupent qu'un petit nombre d'indigènes, le *mauvais esprit* exerce aisément son influence sur ces bandes d'hommes paresseux, mais vigoureusement musclés, et leur fait commettre des actes de violence. Dans leurs idées, l'assassinat est un genre de guerre aussi noble que celui que nous pratiquons, et l'on ne saurait leur faire établir une distinction quelconque entre le meurtre [d'un ennemi pris individuellement et sa destruction *en gros* sur le champ de bataille.

« Ils sont prompts à la réplique, et font preuve d'une grande finesse et d'une grande habileté dans leurs discussions sur les affaires publiques avec les officiers anglais. Un de ceux-ci racontait à ce sujet l'anecdote suivante : « Un jour qu'il présidait un conseil de « chefs warziris [1], quelques-uns d'entre eux se retirèrent pour dire « leurs prières. Pendant qu'ils se livraient à leurs dévotions, il dit « à un chef qu'il était pitoyable de voir des hommes si scrupuleux « sur les pratiques de leur religion, doués d'aussi peu de respect « pour la vérité et le tromper comme ils le faisaient, sans aucune « honte, sur leurs récoltes, leurs revenus, etc. Ce chef répondit « sans perdre un instant : — Oui, c'est bien vrai, il faut qu'il y ait « eu quelque faute radicale dans leur conduite religieuse, puisque « Dieu a trouvé bon d'envoyer un gouverneur (l'officier anglais) « dicter des lois à un pays indépendant depuis tant de siècles. »

Quelques auteurs prétendent que les mœurs privées des Afghans sont détestables et présentent des particularités qu'on ne peut décrire. De ce que j'ai lu il me paraît résulter qu'on fait rejaillir à tort sur toute la population afghane un reproche qui ne doit s'appliquer qu'à une secte honteuse dont Burnes désigne les membres sous le nom de *casseurs de lampes*, et qui est moins répandue dans la contrée qui nous occupe que dans beaucoup d'autres régions de l'Asie. La vie intime des Afghans présente même, au contraire, un caractère général d'honnêteté, je dirais de respectabilité, bien rare en Orient.

Les Afghans sont mahométans, du rite sunnite, c'est-à-dire qu'ils reconnaissent les trois premiers kalifes dont le sultan de Constantinople est l'héritier légitime comme successeurs du Prophète, et qu'ils admettent leur interprétation de la loi. Les Afghans sont de fervents musulmans, mais ils suivent leurs croyances et respectent les dogmes de leur religion sans attaquer les croyances ou les dogmes des autres, et leur esprit religieux est même assez tolérant, ce qui est rare chez les sectateurs de Mahomet.

J'ai tenu à faire connaître aussi complétement que possible le caractère et les mœurs des Afghans, mais je me permettrai de passer rapidement en revue les autres races qui habitent l'Afghanistan.

Les Tats forment tantôt des groupes compacts, tantôt des clans éparpillés; ils sont répandus sur toute l'étendue des pays afghans. Les Tats appartiennent à la race iranienne pure. Braves, honnêtes

---

[1] Tribus habitant le long des frontières du Pendjab.

et laborieux, ils forment d'excellents soldats et leur goût pour la guerre est si prononcé, qu'à leurs yeux le plus grand malheur qui puisse arriver à un homme est de mourir dans son lit. Ils constitueraient au besoin une excellente infanterie particulièrement propre à la guerre de montagnes [1].

En temps de paix, les Tats s'adonnent volontiers à l'agriculture, et dans les villes on en trouve un certain nombre qui se livrent avec succès aux différentes branches du commerce et de l'industrie.

Les Kafirs habitent les montagnes situées à l'extrémité orientale de l'Afghanistan. On évalue leur nombre à 200,000 âmes ; ils sont idolâtres et d'origine inconnue ; leur type est celui des races du Caucase. Chasseurs intrépides, amis du danger et des aventures, ils peuvent devenir redoutables dans une guerre de montagnes.

Les Kizilbachis sont d'origine persane ; ils forment la partie la plus intelligente et la plus instruite de la population. Ils résident en grand nombre à Caboul et on en trouve beaucoup aussi à Hérat, à Candahar et dans les autres villes un peu importantes.

Les Hezaris comptent environ 100,000 habitants répandus sur toute la surface de l'Afghanistan et notamment dans la région des plateaux comprise entre Hérat et les montagnes qui avoisinent Caboul. Les Hézaris sont des nomades de race tartare, et, par conséquent, d'origine touranienne.

Les Ouzbegs sont aussi Touraniens, ils descendent des Turcomans et forment quelques tribus qui peuplentla partie septentrionale du pays. Les Ouzbegs ont une petite armée assez bien organisée dont on évalue l'effectif à 10,000 hommes. Cette armée, qui est placée en temps ordinaire sous les ordres du gouverneur afghan de Balck, tient généralement garnison dans les villes de Balck, de Kunduz, de Khulm, et garde les bords de l'Oxus.

Les Arabes sont disséminés un peu sur toute la surface de la contrée.

Les Djats sont d'origine inconnue ; comme les Arabes, ils sont répandus sur toute l'étendue du territoire ; cependant leurs tribus se groupent en assez grand nombre le long de la frontière orientale sur les pentes des monts Soleiman. On évalue le nombre des Djats à 300,000 habitants.

---

[1] Perrin, d'après Elphinstone.

Les Hindous représentent une population de 300,000 à 400,000 âmes. Ils vivent principalement dans les villes, où ils se livrent à l'industrie, au commerce et notamment aux spéculations financières que la prohibition dont le Coran frappe le prêt à intérêt ne permet pas aux indigènes de pratiquer.

L'Afghanistan est un pays très-montagneux, surtout dans la région nord-est ; on y voit de vastes plateaux au sud-est et de véritables déserts confinent à ses frontières occidentales.

« Situé sous les parallèles de l'Egypte et de la Syrie, mais présentant une surface non moins accidentée que la Suisse et des montagnes beaucoup plus élevées que les Alpes, l'Afghanistan doit à cette triple circonstance de situation, d'assiette et de configuration, de réunir dans son climat et dans ses productions les extrêmes de la zone torride et des zones tempérées [1]. »

Dans la partie nord-est la succession des saisons se fait à peu près comme chez nous ; l'hiver commence en novembre et la neige est très-abondante à partir du mois de décembre.

Le climat est généralement sec et le plus souvent très-favorable à la constitution humaine.

Sauf dans quelques régions de l'est-sud-est, la terre produit en abondance le riz, le maïs, le froment et toutes les céréales, l'orge surtout, dont les Afghans nourrissent leurs chevaux.

Le sol de l'Afghanistan est très-favorable à la vigne; le coton, la canne à sucre, le tabac viennent facilement dans les parties chaudes du pays.

Presque toutes les vallées sont très-fertiles et bien cultivées. Le pays n'est généralement pas très-boisé; cependant dans le nord on rencontre des forêts considérables qui renferment des essences d'arbres précieux.

On trouve peu d'animaux sauvages dans l'Afghanistan, et ceux qu'on y rencontre ne sont ni aussi féroces ni aussi redoutables que les animaux de même race qui vivent dans l'Inde.

Le dromadaire et le chameau sont employés comme bêtes de somme dans tout l'Afghanistan.

L'élevage des chevaux est largement pratiqué dans la province de Hérat. Ces animaux sont souvent d'une rare beauté; cependant on les considère en général comme inférieurs à ceux du Turkestan. La race des chevaux de montagne est vigoureuse, mais d'un aspect peu brillant.

---

1 VIVIEN DE SAINT-MARTIN.

L'âne se trouve à l'état domestique et à l'état sauvage; la vache
est très-commune dans tout le pays; on y trouve aussi d'immenses
troupeaux de bêtes à laine qui forment la richesse des tribus
nomades.

Les productions minérales de l'Afghanistan paraissent être très-
importantes. Comme l'Indus, le Caboul-Daria charie des sables d'or.
On signale dans les montagnes du nord et du nord-est la présence
de nombreux gisements d'argent, de cuivre, de plomb, d'antimoine,
de zinc, de soufre, de fer, de houille, de sel gemme, etc. Des mines
de pierres précieuses se trouvent également dans cette région; mais
toutes ces richesses, à peine effleurées, attendent l'impulsion de la
civilisation européenne.

Aujourd'hui l'industrie du pays se borne réellement à l'agriculture et à la fabrication des étoffes de soie et de coton.

« Quand l'Afghanistan sera plus avancé dans l'économie agricole
et industrielle, ses laines pourront devenir un des éléments les plus
importants de sa richesse territoriale; déjà, malgré les empêche-
ments que mettent au développement du commerce l'organisation
imparfaite du pouvoir politique, les nombreuses exactions, la rapa-
cité des tribus qui infestent les passes, les transactions de vente,
d'achat ou d'échange ne laissent pas d'avoir une véritable importance [1]. »

On ne rencontre pas d'habitations isolées dans les pays afghans;
elles sont toutes réunies en groupes formant des villes ou villages
plus ou moins importants et presque toujours protégés par une
enceinte en brique ou en terre.

Il existe dans le pays un grand nombre de tours isolées, pareilles
à celles qui avoisinent les villages des montagnards du Caucase ou
à celles que l'on rencontre encore sur les côtes de la Corse ou de la
Provence. Ces tours, placées généralement dans des lieux bien choi-
sis, servent de postes d'observation et peuvent, le cas échéant,
devenir d'un grand secours pour la défense du pays.

Il suffit de jeter les yeux sur une carte d'Asie pour voir combien
la position militaire de l'Afghanistan est remarquable. Elle commande à la fois la vallée de l'Amou-Daria et celle de l'Indus et
domine la Perse; aussi l'histoire nous montre-t-elle plus d'une fois
les peuples qui l'habitent portant leurs armes victorieuses d'un côté
jusqu'à la mer Caspienne et de l'autre jusqu'au centre de l'Inde; et

---

[1] VIVIEN DE SAINT-MARTIN.

si ces belliqueuses populations afghanes n'ont pu toutes se soustraire à la domination de quelques conquérants, il faut reconnaître
cependant que les habitants de la montagne ont toujours su conserver leur indépendance et qu'ils ont souvent porté atteinte à celle
des autres.

III.

FRONTIÈRES.

Les frontières de l'Afghanistan, sauf une partie de celle du nord
et une partie de celle de l'est, sont absolument idéales et n'offrent
aucun intérêt au point de vue militaire. Je me contenterai donc d'en
décrire rapidement ici le tracé, me réservant de revenir, dans le
chapitre IV, consacré à l'orographie et à l'hydrographie du pays,
sur les défenses naturelles qu'une partie de ces frontières peut
présenter, et d'étudier les routes, passages ou points stratégiques
importants, dans le chapitre V.

A. — FRONTIÈRE DU NORD.

L'Afghanistan a pour frontière au nord :

1º Un bras de la rivière Ab-i-Pendjab ou Amou-Daria supérieur,
depuis le lac Victoria jusqu'au confluent de l'Ab-i-Pendjab avec le
Zour-Ab ou Zurkh-Ab; vers le 67º de longitude E. et le 37º de latitude N. [1].

2º L'Amou-Daria (Djinoun ou Oxus), formé par la réunion de
l'Ab-i-Pendjab, plus justement appelé Amou-Daria supérieur, et du
Surk-Ab, jusqu'à un point situé au-dessous du gué de Kélif, près
de la petite ville de Khoja-Saleh, par 37º,25′ environ de latitude N.
et 63º,10′ environ de longitude E.

3º Une ligne idéale partant du gué de Kélif et se dirigeant vers
l'O.-S.-O., à travers les déserts turcomans, jusqu'au fleuve Murg-Ab,
qu'elle atteint en aval de Robat-Abdula-Khan. Cette ligne s'infléchit
un peu alors vers le S.-O. et atteint la frontière persane au pied des
montagnes du Gulistan, à huit milles environ à l'ouest d'Irolan, entre
cette localité et le village persan d'Idaji qui se trouve lui-même à

---

1 D'après Kiepert, cette partie de la frontière nord est déterminée par une ligne
suivant le faîte des montagnes situées sur la rive droite de l'Ab-i-Pendjab, qu'elle
couperait vers 37º,15′ latitude nord et 69º,15′ longitude est, et, suivant ensuite
le sommet des hauteurs qui prolongent ces montagnes vers l'ouest, dans l'intérieur de la boucle formée par le fleuve.

une quinzaine de milles à l'est de la ville persane de Sarakhs ou Syrin, située sur le fleuve Hari-Rud.

Par sa frontière nord, l'Afghanistan confine au plateau de Pamir (*le toit du monde*), à la Boukharie, dont il est séparé par l'Ab-i-Pendjab et l'Amou-Daria, et au khanat de Khiva.

Le long de cette frontière, nous signalerons dans l'Afghanistan, les places ou principaux postes fortifiés de Kila-Pendjab, Iskashim, Bar-Pendjab, Jomarj, Kila-Stikai, Takhti-Khan, Aranja, Robat, Abdula-Khan, Irolan, et, en seconde ligne, Mastuj, Faizabad, Khairabad, Khulm, Balk, Shibarghan, Kafir-Kala, Maimana, Bala-Murgab.

A cette occasion, je rappellerai que presque toutes les villes et presque tous les villages des pays afghans sont entourés d'une enceinte et susceptibles d'une défense plus ou moins prolongée.

B. — FRONTIÈRE DE L'OUEST.

1º Une ligne idéale partant d'un point situé entre Irolan et Idaji, se dirigeant vers le S.-O. jusqu'à sa rencontre avec le fleuve Hari-Rud, qu'elle rejoint vers 59º de longitude O. et 35º,30′ de latitude N.

2º Le fleuve Hari-Rud, depuis 35º,30′ latitude N. environ jusqu'au coude que fait ce cours d'eau près de Kusan, à 100 kilomètres O.-N. de Hérat.

3º Une ligne idéale partant de ce point et se dirigeant à travers les montagnes et les déserts dans la direction du sud jusqu'à Schah-i-Sagak, localité située sur une des routes de Mesheb à Lash ou Javain et Schah-i-Sagak; cette ligne, se dirigeant vers le S.-E.-S., passe près de la rive méridionale du lac formé par le confluent de l'Hari-Rud et du Farah-Rud, au nord des marais d'Hamun, traverse la route de Lash à Nasirabad, entre Tapeh (Afghanistan) et Kolak (Perse) et rejoint le fleuve Helmand, en aval de Nadali.

4º Le fleuve Helmand, depuis Nadali jusqu'à Kohak.

5º Une ligne idéale allant rejoindre, dans la direction O.-S., un point situé environ à 50º longitude E., et 30º,20′ latitude N., sur la rive occidentale des marais de Hamun.

Le long de cette frontière, nous remarquerons, sur le territoire afghan, les places ou principaux postes fortifiés du Kusan, Ghorian, Lash, Kala-Fatha, et, en seconde ligne, Kala-Tapa, Hérat, Sabzawar, Farah.

Par sa frontière de l'ouest, l'Afghanistan est séparé de la Perse. Le tracé de la frontière orientale de l'Afghanistan a été l'objet de longues contestations et de luttes violentes. Hérat a été revendiqué longtemps par la Perse, qui n'a renoncé ouvertement à ses prétentions de ce côté qu'en 1857, par un article d'un traité signé à Paris, et intervenu entre la reine d'Angleterre et le schah. La possession du Seistan, pays situé à l'extrémité méridionale de cette frontière, a été également l'objet de vives convoitises. Le général anglais Goldsmid fut chargé de régler, en 1870, comme médiateur, cette question de la frontière occidentale; il y procéda de façon à ne contenter aucun des principaux intéressés, et cet arbitrage n'est pas un des moindres griefs que l'émir actuel de Caboul a contre l'Angleterre.

C. — FRONTIÈRE DU SUD.

1° Une ligne idéale partant de la rive occidentale des marais de Hamun, suivant, pendant 60 kilomètres environ, le 30°,20′ de latitude, en se dirigeant, vers l'est, jusqu'à la rivière d'Helmand, qu'elle rejoint entre Kala‑Padishah (Afghanistan) et Bud‑Bar (Bélouchistan).

2° La rivière Helmand, sur un parcours de 140 kilomètres.

3° Une ligne imaginaire de 400 kilomètres en ligne droite, partant de l'Helmand pour se diriger à travers le désert de Saudy, vers Nushki (Bélouchistan) et Quetta, qu'elle laisse au sud, et de là vers la vallée de l'Indus, où elle se relève brusquement vers le N.-E.

Les places ou principaux postes fortifiés établis par les Afghans sur cette frontière sont : Kala-Mir, Mel-Guidar, Kala-Nau, Kala-Bust, Kala-i-Sadu, Kala-Abdula, Makam, Pain-Kala, Kahun, et, en seconde ligne, Girishk, Kandahar, Kala-Fathi-Ula.

Par sa frontière du sud, l'Afghanistan est séparé du Balouchistan.

Depuis 1877, ce pays s'est placé sous le protectorat de l'Angleterre, et la ville de Quetta, située à une vingtaine de kilomètres à peine de la frontière afghane, est occupée par une garnison anglo-indienne.

D. — FRONTIÈRE DE L'EST.

A l'est, la frontière afghane suit la ligne des monts Soleiman, qui la séparent du Pendjab (Inde anglaise). Elle se prolonge ensuite, vers le nord, par une ligne idéale qui suit la base des monts Sefîd, traverse le Caboul-Daria, en amont du fort anglais de Michni, coupe la rivière Lundai, au-dessus du fort anglais Abazai, à 16 kilomètres en aval de la petite ville afghane de Dagh, décrit ensuite un arc de cercle jusqu'à sa rencontre avec le fleuve Indus, vers 70°,40′

longitude E., et 34°,1' latitude N., se redresse pour suivre, pendant
une trentaine de milles, le cours de ce fleuve, pénètre dans le
massif montagneux du Kafaristan et va rejoindre le lac Victoria.

Par sa frontière est, l'Afghanistan est séparé de l'empire anglo-
indien (Pendjab, Kashmir, Raskum, etc.).

Ainsi que nous le verrons plus loin, il n'y a, pour pénétrer des
possessions anglaises dans l'intérieur du pays à travers cette frontière, que trois voies réellement praticables, qui sont les défilés de
Gomul, de Korum et la passe de Khyber.

Les principaux postes afghans que nous trouvons de ce côté sont,
en partant de l'ouest, Maskham, avant-poste à l'entrée du défilé de
Gomul; Jundoola, Ali-Medsjid, situé à l'entrée du défilé de Khyber,
Dagh, et, en seconde ligne, Ghazni, Mohamed-Azim et Jellalabad.

La sécurité de la frontière des Indes anglaises qui fait face à la
frontière orientale de l'Afghanistan, est assurée par une chaîne de
forts plus ou moins importants ou de postes avancés, construits à
des intervalles de 5 à 16 kilomètres, et situés principalement au
débouché des défilés qui permettraient de descendre des montagnes.

Au nord, nous voyons d'abord l'importante place de Peshawar,
entourée d'un système de fortifications qui donne à tout ce district
et à toute la vallée inférieure du Caboul-Daria l'aspect d'un vaste
camp retranché.

Ce système défensif se compose de sept forts détachés se reliant
entre eux; ce sont : le fort de Jumrood, à l'entrée du défilé du Khyber; le fort Bara et le fort Makeson, au sud-ouest de Peshawar; le
fort Michni, sur la rivière du même nom; le fort Abazai, sur la
rivière Lundai; le fort Jung, le fort de Toroo et le fort de Torbela,
près de l'Indus.

A ce système de fortifications, il faut ajouter la place d'Attock,
située sur la rive gauche de l'Indus, qui assure aux Anglais la possession de ce fleuve et défend la tête de ligne du chemin de fer de
Lahore.

Toute une ligne de postes défensifs a été établie, en outre, le long
de la frontière, au pied des monts Soleiman; nous citerons particulièrement ceux de Dera-Ismaël-Khan, Dera-Ghazi-Khan et Jacobabad, qui sont des chefs-lieux de commandement, et les postes
moins importants de Bunnoo ou Edwardezabad, en face du défilé
du Kurum, de Mahew, de Nurpur, de Mitbuncote, etc.

En outre de ces forts ou postes militaires, le gouvernement des
Indes entretient en tout temps, le long de la frontière afghane, entre
cette frontière et l'Indus, une petite armée d'observation, désignée

sous le nom de *Pundjab Frontier force*, et dont l'effectif se monte à environ 12,000 hommes. Ces 12,000 hommes se répartissent entre 11 régiments d'infanterie, 1 régiment de guides (à pied et à cheval), 5 régiments de cavalerie, 2 batteries d'artillerie à cheval et 2 batteries de montagne.

Pour compléter cette digression sur la frontière afghane de l'empire des Indes, je terminerai en citant, d'après la *Revue militaire de l'étranger*[1], un extrait d'un ouvrage de M. Thornburn, fonctionnaire du gouvernement des Indes, intitulé : *Bannu or our Afghan frontier :*

« La sécurité de notre frontière, dit l'auteur anglais, est assurée par une chaîne de forts importants et de postes détachés. Dans la division de Peschawar, cette chaîne n'est occupée que par des troupes régulières; dans celle du Derrajat, elle l'est par des troupes régulières et par une milice locale.

« Si l'on tient compte de la nature et de l'étendue de la frontière à garder, et si l'on remarque que des patrouilles parcourent continuellement l'excellente route militaire qui relie les forts, on comprendra les difficultés que présente la surveillance de la frontière.

« Les troupes régulières constituent une excellente petite armée, composée principalement de Sicks et de Pathans, spécialement affectée à la protection de la frontière. Toute l'armée du Pundjab peut être mobilisée en quelques heures; chaque régiment a, en permanence, les mulets et les chameaux nécessaires pour ses transports.

« Unie aux nombreuses autres troupes cantonnées dans la vallée de Peschawar (environ 8,000 hommes), elle constitue un excellent boulevard et une excellente ligne de défense avancée sur la frontière nord-ouest de l'empire des Indes.

« La garnison du district de Bannu se compose ordinairement de deux régiments d'infanterie, d'un régiment de cavalerie et d'une batterie d'artillerie.

« Le gros de ces troupes est cantonné à Edwardezabad et envoie des détachements dans les postes-frontières de Satamar, de Barganattu, de Kurum et de Janikhel. Les autres postes ne sont occupés que par des milices. Ces milices consistent en levées indisciplinées, à pied et à cheval, fournies par les chefs de tribus ou *maliks* les plus influents des Waziris, Bannuchis, etc., établis dans le voisinage de chaque poste; et comme ces chefs indigènes sont largement récompensés pour chaque homme qu'ils fournissent, ils rivalisent tous pour avoir l'honneur et le profit que rapportent les nominations dans la milice. »

---

[1] Numéro 429, du 16 novembre 1878.

IV.

OROGRAPHIE ET HYDROGRAPHIE.

A. — OROGRAPHIE.

L'Afghanistan figure un vaste amphithéâtre, dont les gradins sont formés par des chaînes de montagnes très-accentuées, principale ment dans la partie nord-est du pays, et par de vastes plateaux qui descendent vers le sud-ouest.

Les lignes de faîte de ces montagnes courent généralement de l'est à l'ouest ; elles appartiennent à la grande ligne de partage des eaux de l'Asie.

La chaîne principale est formée par les monts Hindou, désignés sur les cartes sous la dénomination Hindou-Koh (*Koh* veut dire montagne), et qui sont une prolongation de l'Himalaya. La chaîne de l'Hindou-Koh forme une barrière naturelle entre les pays qui subissent l'influence anglaise et ceux où se fait sentir l'influence russe. La chaîne de l'Hindou-Koh se rattache, par le nord-est, aux grands plateaux de Pamir (*le Toit du monde*); elle est, en grande partie, couverte de neiges éternelles.

Certains de ses sommets atteignent une hauteur de 6,000 mètres. Les plus élevés d'entre eux paraissent être le pic de Chitral, qui atteint près de 19,000 pieds, et un autre pic, situé à l'ouest de ce dernier, qui s'élève à 19,500 pieds. Sur la chaîne principale, le défilé du Khawack qui la traverse se trouve à une hauteur qui a été évaluée à 4,025 mètres.

Le mont Blanc, le géant de nos montagnes d'Europe, atteint 4,810 mètres.

Dans la partie nord-est de l'Afghanistan, la chaîne de l'Hindoŭ-Koh forme une série de hauts plateaux qui s'avancent en pointe vers la frontière de l'empire des Indes, et desquels sortent les plus grands fleuves qui arrosent cette contrée. Ces hauts plateaux, habités par une race guerrière et remuante, sont un danger sérieux pour la sécurité de cette partie de la frontière anglo-indienne.

A l'ouest, l'Hindou-Koh se termine par un énorme massif montagneux appelé le Koh-i-Baba (*le Père des montagnes*), dont certains sommets atteignent près de 5,000 mètres.

De ce massif se détache, vers l'est, tout un système de montagnes qui peut être divisé en trois chaînes principales, savoir :

1° La chaîne du Sefîd-Koh oriental [1] (ou *montagnes blanches*), qui court de l'est à l'ouest le long de la vallée du Caboul-Daria, et

---

[1] On trouve dans l'Afghanistan deux chaînes de montagnes portant le nom de *Sefîd*. Pour les distinguer, j'appelle l'une Sefîd oriental et l'autre Sefîd occidental.

dans laquelle se trouvent les fameuses passes de Koord-Caboul et du Khyber.

Certains sommets de cette chaîne atteignent plus de 4,000 mètres.

2° Une chaîne qui se dirige vers le sud, sous les noms de monts Djadranan, monts Gats, monts Amram, qui séparent le bassin de l'Helmand de celui de l'Indus, et dans lesquels on remarque les sommets de Kand, de Joba et de Chapper.

A l'est de cette chaîne, et presque parallèlement à elle, se trouvent les monts Soleiman, Soleiman-Koh ou *montagnes de Salomon,* qui forment la barrière orientale de l'Afghanistan et renferment les défilés de Kurum et de Gomul.

« L'altitude moyenne de cette chaîne peut être de 3,000 à 3,500 mètres ; sa plus haute sommité, le Takht-i-Soleiman ou *Trône de Salomon,* que les gens du pays appellent plus communément Kaïsa-Ghor, atteint, d'après une mesure barométrique, 12,831 pieds anglais (3,910 mètres). Les monts Soleiman sont distants de 100 kilomètres environ des bords de l'Indus ; mais il faut continuer encore de gravir une pente plus ou moins inclinée de près de 250 kilomètres, pour atteindre la crête même du plateau où sont les sources des diverses rivières qui descendent vers le fleuve, en coupant sur plusieurs points les crêtes étagées du Soleiman-Koh [1]. »

3° Une chaîne qui se dirige vers le sud-ouest, et qui sépare pendant plus de 300 kilomètres le cours de l'Helmand de celui de l'Argand-Ab, son affluent.

Tout ce système montagneux subit, à l'ouest, une très-forte dépression, dans laquelle viennent se perdre une partie des rivières qui en découlent ; mais le sol se relève bientôt pour former en Perse de nouveaux hauts plateaux.

Du massif du Koh-i-Baba se détachent encore, vers l'ouest, plusieurs chaînes de montagnes ou chaînons fort importants.

C'est d'abord celle du Sefîd-Koh occidental ou *montagnes blanches ;* puis celle des montagnes du Turkestan, désignées généralement sous le nom de Ghor, qui lui-même veut dire montagne ; et, enfin, la chaîne du Siah-Koh ou des *montagnes noires,* qui sert de séparation entre les eaux qui se dirigent vers le nord, soit pour se rendre dans la mer Caspienne ou la mer d'Aral, soit pour se perdre dans les déserts du Turkestan, et celles qui se dirigent vers le golfe Persique.

Nous ne possédons pas de données précises sur la hauteur de ces différentes montagnes ; mais, de leurs noms même, on peut déduire la relation qui doit s'établir entre leurs reliefs respectifs.

---

[1] Vivien de Saint-Martin.

Ainsi, le Siah-Koh ou *montagne noire* est très-probablement moins élevé que le Sefîd-Koh ou *montagne blanche*, qui a dû être appelé ainsi par suite de l'aspect que lui donnent les neiges qui recouvrent ses sommets.

B. — HYDROGRAPHIE.

De la description orographique que nous venons d'étudier résulte le partage de l'Afghanistan en trois bassins principaux :

Le bassin du nord ou de la dépression aralo-caspienne; le bassin de l'ouest, dont les tributaires convergent vers les marais du Seistan ; le bassin de l'est ou de l'Indus.

I. — BASSIN DU NORD.

Ce bassin est formé au nord par le plateau de Pamir et les montagnes de la Boukharie et du Turkestan septentrional; au sud, par les pentes de l'Hindou-Koh, du Koh-i-Baba et des hauteurs qui se prolongent vers l'ouest. Les principaux cours d'eau qu'il renferme sont :

1° L'Amou-Daria (Amu-Daria ou Djinoun, Oxus des anciens), qui est souvent désigné, dans la partie supérieure de son cours, sous le nom d'Ab-i-Pendjab.

L'Ab-i-Pendjab ou Amou-Daria supérieur est formé de deux branches principales qui se réunissent vers le 37° de latitude et le 70°,30′ longitude est (Paris). La branche-mère sort du plateau de Pamir, à peu près au 37°,30′ latitude et 71°,30′ longitude est (Paris), à une altitude que l'on évalue à 15,000 pieds anglais (4,700 à 4,800 mètres), non loin du nœud gigantesque d'où rayonnent le Bolor, l'Himalaya, l'Hindou-Koh et le Kouen-Loun.

Cette branche du fleuve est généralement désignée par les populations riveraines sous le nom d'Ouakhsou, rivière de Ouakhan, d'après le premier pays qu'il traverse. Ce nom, qui est Wackhou dans la géographie sanscrite, parvint, après Alexandre, à la connaissance des Grecs, qui l'adoucirent en Oxos (Oxus).

La seconde branche sort également du plateau de Pamir, traverse le lac Victoria, situé à une altitude de 4,250 mètres, et rejoint la première après un parcours d'environ 140 kilomètres.

« Le fleuve se dirige alors au sud-ouest, à travers les vallées de l'Ouakhan et du Badackhan, canton renommé pour ses mines de pierres précieuses. Après s'être relevé au nord-ouest, le fleuve prend sa direction générale à l'ouest, dans le khanat de Koumdouz, laissant au sud, dans la direction de l'Hindou-Koh, qui domine à la distance de deux ou trois journées cette partie supérieure de son cours, les villes de Faizabad, de Koundouz, de Khoulm et de Balk [1]. »

L'Ab-i-Pendjab passe à Bar-Pendjab, forteresse afghane; Kila-Khum, ville de Boukharie, reçoit sur sa rive gauche l'Ab-i-Vardoj, qui arrose Faizabad, et, sur sa rive droite, la grande rivière de Surkab, qui est son principal affluent du nord. La rivière de Surkab prend sa source à l'ouest du plateau de Pamir, et traverse toute la Boukharie orientale à partir de son confluent avec le Surkab. L'Ab-i-Pendjab devient l'Amou-Daria proprement dit; il reçoit à gauche la rivière Aksaria, qui descend de l'Hindou-Koh et arrose Kunduz. L'Amou-Daria reçoit ensuite, à droite, les rivières de Kafir-Rahang et de Tufalang, et, à gauche, des cours d'eau insignifiants, parmi lesquels nous noterons les canaux formés par la rivière de Balk, qui sont absolument à sec dans la saison d'été.

Jusque-là le fleuve a coulé dans un pays de vallées et de hautes montagnes; à partir du canton de Balk, il entre dans la région des plaines et bientôt des déserts. A une cinquantaine de kilomètres au nord-ouest de Balk, l'Amou-Daria se tourne vers le nord-ouest et ne quitte plus cette direction générale, jusqu'au pays marécageux qui avoisine le lac d'Aral. Il laisse Boukhara à 110 kilomètres sur sa droite, Khiva à 48 ou 50 kilomètres à gauche, et se deverse dans le lac Aral, ou, prétend-on, depuis quelque temps dans la mer Caspienne, ainsi que nous le verrons plus loin.

« Depuis le canton de Balk le fleuve coule dans un lit trop profond pour être facilement amené par des canaux sur les champs de culture; aussi est-il bordé seulement d'une lisière très-étroite de jardins, restreints à la portion de la vallée comprise entre les berges elles-mêmes; dans le pays de Khiva un grand nombre de canaux de dérivation étendent à quelques lieues la bande de terrain productif.

« Après le canton de Balk le fleuve ne reçoit plus d'affluent; il a dû en recevoir un jadis, le Zerafchan, qui fertilise la longue vallée où se trouvent les célèbres cités de Samarcand et de Boukhara et crée au milieu des sables du Turkestan une magnifique oasis autrefois connue sous le nom de Sogdiane, mais depuis un temps immémorial le Zerafchan se dissipe dans les sables, ou se perd dans un lac avant d'atteindre l'Amou-Daria [2]. »

D'après Arminius Vambery, la largeur de l'Amou-Daria à Karki, au-dessous de Khojah-Saleh, serait de 823 yards, c'est-à-dire à peu près deux fois celle du Danube entre Ofen et Pesth; sa profondeur dans ces parages serait d'environ 19 pieds. A Khojah-Saleh, où

---

[1] Vivien de Saint-Martin, *Dictionnaire géographique*.
[2] Vivien de Saint-Martin.

Burnes le traversa, ce voyageur mesura une largeur de 450 mètres et une profondeur de 6 mètres.

Le cours de l'Amou-Daria est très-rapide; dans sa première partie, son canal est remarquablement droit, exempt de rochers et d'obstacles de quelque nature que ce soit; mais lorsqu'il entre dans la région du Turkestan, son cours se ralentit un peu, des bancs de sable pointent çà et là et gênent souvent la navigation; il arrive que pendant l'été des bateliers mettent au moins deux heures pour le traverser, obligés qu'ils sont à descendre plusieurs fois dans l'eau pour dégager leurs bacs engravés dans plusieurs bas-fonds.

Ce grand fleuve est navigable, dit Burnes, au moins jusqu'à Koundouz. Il est sujet à une crue périodique, de même que toutes les grandes rivières qui sortent du versant méridional du plateau de Pamir. Le débordement commence en mai et finit en octobre.

On ne supposerait guère, dit encore Burnes, qu'un si grand fleuve, sous une latitude aussi basse que celle de 38°, gelât en hiver; c'est cependant ce qui arrive assez souvent à l'Oxus. La partie supérieure de son cours au-dessus de Koundouz est prise annuellement par les glaces; les voyageurs et les bêtes de somme le traversent alors en allant à Yarkand. Il est vrai que là il coule dans une région haute; toutefois, dans le désert il gèle aussi quand l'hiver est rigoureux. En 1831 les caravanes le passèrent sur la glace à Tchordjoui, à 110 kilomètres de Boukhara. On retrouve là la continuation des influences boréales qui sévissent dans les steppes kirghises, qu'aucun rideau de montagnes n'interrompt.

La longueur totale du parcours du fleuve Amou-Daria est d'environ 1,800 kilomètres; son débouché est une question qui a fort exercé les explorateurs et les critiques autrefois, et qui aujourd'hui n'est pas encore élucidée.

Dans l'antiquité, l'Amou-Daria se jetait dans la mer Caspienne, et sur toute bonne carte du Touran on voit aujourd'hui la trace de l'ancien cours de ce fleuve au sud du plateau d'Usturt.

Par suite de bouleversements géologiques que nous n'avons pas à examiner ici et qui seraient survenus en 1643, l'Amou-Daria modifia son cours en prenant sa direction vers le nord, pour se jeter dans une excavation qu'il remplit aujourd'hui concurremment avec le Sir-Daria et qu'on appelle le lac d'Aral.

Ce changement d'itinéraire dans le cours du fleuve eut pour conséquence de transformer en un désert tout le pays compris entre la rive gauche de l'Amou-Daria, la rive droite du Murg-Ab, qui se perd maintenant dans les sables au-dessous de Merve, et la vallée de l'Atreck. Les pays touraniens se trouvèrent donc complétement isolés; Khiva devint une oasis au milieu d'un désert impraticable aux troupes, et les Russes, après s'en être emparés, ont dû évacuer cette ville qui leur était utile comme base d'opération vers le sud. La main de l'homme contribuait, du reste, à maintenir l'Amou-Daria dans son nouveau lit, les Khivans ayant endigué toute la partie inférieure du fleuve qu'ils employaient à l'irrigation de leurs terres.

Telle était la situation, lorsque le 27 septembre 1878 on annonça tout à coup de Saint-Pétersbourg que l'Amou-Daria était rentré dans son lit primitif. Voici le texte de la dépêche par laquelle le général Lamakine, résidant à Kraznovodsk, rend compte de cet événement au grand-duc Michel, lieutenant général du Caucase, dont dépend administrativement le district militaire trans-caspianique :

« Des exprès arrivés de Khiva me communiquent que l'Amou-Daria, perçant sa grande digue à la hauteur du fort de Bend et se déversant par les canaux de Landan-Khan-Yab et Kochbeg, a poussé par l'Ousboï (nom de l'ancien lit) jusqu'aux lacs de Sary-Kamich, remplissant ces lacs ainsi que les marais salants voisins de Kalkh-Poullar. Les digues de Chakbend et de Salikbend sont rompues, le flot continue à se mouvoir sans obstacle dans l'Oubstoï. Grâce à cette circonstance, une étendue de 200 verstes jusqu'à présent sablonneuse se trouve arrosée sans aucun dommage pour l'oasis de Khiva. »

Ce phénomène n'est pas nouveau, mais il faut remarquer qu'il s'est produit cette fois avec une force extraordinaire et dans un moment où la politique russe semblait tendre tous ses efforts du côté de l'Asie.

Les Khivans ont toujours fait de grands efforts pour rétablir leurs digues quand elles se rompaient; ils y trouvaient, en effet, non-seulement un secours précieux pour leur agriculture, mais aussi un moyen d'être séparés de voisins parfois incommodes; l'ambition constante des Russes a été, au contraire, de faire rentrer l'Amou-Daria dans son ancien lit, ce qui leur donnerait une excellente route militaire et commerciale pour relier leurs possessions de l'Asie centrale au reste de l'empire.

Aujourd'hui la voie à suivre paraît déjà toute tracée à la *Gazette de Moscou*[1] : Il ne faut pas que les Khivans réédifient leurs digues, et il faut que la Russie perce le seuil de 50 verstes qui arrête encore l'Amou-Daria dans sa route vers la mer Caspienne lorsque les eaux n'atteignent pas leur plein. « Une expédition scientifique envoyée sans délai aux lacs de Sary-Kamich peut, dit-elle, résoudre sans

---

1 Article rapporté par le journal *le Temps*, du 27 octobre 1878.

difficulté une question ayant une importance capitale. Dieu sait si l'obstacle dont on parle est assez fort pour résister aux puissants moyens techniques de notre époque, et quelques charges de dynamite suffiraient sans doute pour changer la situation politique générale des deux hémisphères. » La conclusion inévitable c'est la rentrée des Russes à Khiva et leur occupation définitive de tout le khanat; la conclusion possible c'est la prise de possession de tout le pays jusqu'aux plateaux de Pamir, d'où l'on peut descendre à la fois vers la Chine, vers l'Hindoustan et l'Afghanistan. C'est donc peut-être au plateau de Pamir, *le Toit du monde*, qu'est le nœud véritable de la question d'Orient.

2° Dans le bassin du nord, nous trouvons encore la rivière Murg-Ab, cours d'eau fort important dans certaines saisons, qui prend sa source à la naissance des monts Sefîd-Koh (Sefîd occidental), et va se perdre dans les déserts du Turkestan, au-dessous de la ville de Merv ou Nau-Kala, après avoir reçu les petites rivières de Dara et de Kushk.

Pendant son trajet dans l'Afghanistan, le Murg-Ab coule dans une riante vallée et arrose les villages de Shah-Mashab, Bala-Murgab, place forte, Maranchak, Agah, Panj-Deh et Robat-Abdula-Khan. Son cours est rapide, ses eaux sont claires. Au sud de Bala-Murg-Ab, la vallée du Murg-Ab devient peu à peu si étroite, qu'on pourrait l'appeler un défilé.

« La rivière, dit le voyageur Vambery, s'y précipite en écumant avec un bruit de tonnerre, et c'est seulement en aval de Panj-deh que le Mourg-Ab, devenu plus large et plus profond, modère son violent essor. »

Quand Merv était une ville riche et puissante, il a dû exister dans ces parages une civilisation assez avancée; mais aujourd'hui les Turcomans y ont élu domicile, et la ruine et la désolation accompagnent partout leurs bandes sauvages. Les habitants du pays, d'origine iranienne, ont pris le costume et la manière de vivre des Turcomans, et se livrent comme eux au pillage et à des razzias redoutables [1].

Leurs chefs actuels sont à la solde des Afghans et ont, au dernier siége de Hérat, mérité, par leurs services, les faveurs de Dost-Mohammed et de son successeur Shere-Ali. Néanmoins, leur fidélité est très-précaire, et pour peu qu'ils y trouvent un avantage, ils sont capables de se soulever d'un moment à l'autre, car ils n'admettent pas que le maître de Hérat puisse avoir le moindre droit sur eux.

---

[1] Arminius VAMBERY.

3º La rivière Hari-Rud ou Heri-Roud, formée par la réunion du Jangab-i-Ab et du Tingal-Ab, traverse la longue et étroite vallée formée par les pentes du Sefid occidental et du Siah-Koh. Elle arrose Zartala, Sarkag-Salma, Iaor-Obey-Marva, passe près de l'importante ville de Hérat; puis, à une quarantaine de milles de là, se redresse brusquement vers le nord, sert de limite entre l'Afghanistan et la Perse, arrose la ville persane de Saraks, et va se perdre au nord, dans les déserts du Turkestan.

Pendant son parcours sur le territoire afghan, le Hari-Rud ne reçoit aucun affluent digne d'être signalé; la vallée qu'il traverse est très-fertile et généralement bien cultivée.

D'après le capitaine Marsh [1], qui fit, il y a cinq ans, le voyage de Meshed à Hérat au mois d'avril, l'Hari-Rud, épuisé par les canaux d'irrigation qu'il alimente dans la partie supérieure de son cours, était presque à sec le long de la frontière afghane. Quoique son lit eût près d'un kilomètre de large, on n'y voyait qu'un mince filet profond d'un pied à peine, et dont la largeur n'atteignait pas deux mètres.

II. — BASSIN DE L'HELMAND.

Le bassin qui s'ouvre au S.-O. de l'Afghanistan est entouré par les deux chaînes issues de l'Hindou-Koh, qui s'avancent vers le S.-O.; la chaîne du Siah-Koh et celles des monts Jadran, Gats, etc., prolongés jusqu'au mont Chapert.

Les principaux bassins de ce cours d'eau sont, en partant du nord, le Ha-Rud, et le Farah-Rud, qui descendent tous deux du Siah-Koh et vont se jeter dans un lac de 10 milles carrés de superficie, situé au N.-O. du vaste marais désigné sur nos cartes sous le nom de *Hamun* (marais).

Les géographes orientaux donnent à ces marais le nom de Zareh, c'est-à-dire l'Aria-Palus des anciens. D'après Ferrier, les gens du pays l'appellent Mechileh-Seistan, ou lac du Seistan.

Le marais d'Hamun est peu profond, couvert de roseaux, souvent à sec, sauf dans sa partie septentrionale. La hauteur du sol de l'Hamun est seulement, d'après les observations de M. Lenz, membre de l'expédition russe de 1858, de 390 mètres au-dessus de la mer, ce qui indiquerait une dépression très-considérable dans cette partie du plateau.

Dans l'Hamun vient se jeter l'Helmand, qui est la rivière la plus importante de l'Afghanistan.

---

[1] *Bulletin de la Réunion des Officiers*, du 23 novembre 1878.

L'Helmand prend sa source dans le Koh-i-Baba, traverse toute la partie méridionale de l'Afghanistan, et va se jeter dans un lac situé au N.-E. du marais Hamun.

L'Helmand est navigable en tout temps depuis la ville de Girichks, et c'est la seule rivière afghane proprement dite qui jouisse de cet avantage. Sa largeur atteint, dans la saison des pluies, plusieurs kilomètres.

Le capitaine Marsh, qui traversa l'Helmand à Girichki, à la belle saison, vers le mois de mai, dit que cette rivière avait encore de 90 à 100 mètres de large en cet endroit, et plus d'un mètre de profondeur. Ajoutons que c'est l'époque à laquelle les eaux sont les plus basses.

L'Helmand reçoit, à droite, le Musa et le Khash-Rud, qui descendent du Siah-Koh; à gauche, il reçoit la grande rivière de l'Argand-Ab, qui a elle-même pour tributaires le Kardanai, l'Arghasan, le Tarnak.

Entre le bassin de l'Helmand et celui de l'Indus, se trouve, sur le plateau, un petit bassin du lac Ab-Istaba (*l'Eau dormante*), sorte d'entonnoir sans issue.

III. — BASSIN DE L'INDUS.

L'Indus ou Sind n'appartient pas, à proprement parler, à l'Afghanistan; il ne traverse le territoire soumis à l'émir de Caboul que dans une toute petite partie de son cours moyen, mais a pour tributaires toutes les rivières qui descendent du versant oriental de l'Hindou-Koh jusqu'au massif du Koh-i-Baba, ainsi que les cours d'eau qui prennent naissance sur les pentes du Sefîd oriental et les hauts plateaux des monts Soleiman. A ce titre, il doit trouver place dans le cadre de cette étude.

L'Indus est un des fleuves les plus célèbres du monde; dès les temps les plus reculés son nom est cité dans l'histoire, et l'étendue de son cours, ainsi que le volume de ses eaux, en font un des fleuves les plus remarquables.

Sorti de la haute chaîne de l'Himalaya, où il prend naissance vers le 31°,10′ latitude nord et le 82° de longitude est, il court pendant plus de 400 kilomètres vers le nord, à travers tout ce chaos de montagnes qui couvrent la partie septentrionale de l'empire des Indes.

Vers le 35°,40′ de latitude nord et le 72°,30′ de longitude est, il tourne brusquement vers le sud-ouest, traverse quelques vallées de l'Afghanistan, rentre sur le territoire indien entre le 34° et le 35° de latitude nord, et continue sa course, sans modifier sa direction générale, jusqu'au golfe d'Oman, dans lequel il se jette par onze branches vers le 24° de latitude nord et le 64°,66′ de longitude est.

Les villes principales qu'arrose l'Indus appartiennent à l'empire des Indes; ce sont : Attok, Dera-Ismaïl-Khan, Dera-Ghasi-Khan, Mithan-Kot, Bakar, Hyderabad.

La largeur du fleuve à Attok est déjà de 900 pieds; lorsqu'il rentre, au-dessous d'Attok, dans la région montagneuse, son lit se resserre un peu, mais il acquiert alors une grande profondeur et son courant est très-rapide.

La navigation de l'Indus est très-développée. Un service régulier de bateaux à vapeur relie entre elles toutes les stations militaires qui se trouvent sur ses rives.

Les grands affluents qu'il reçoit sur sa rive gauche et dont je n'ai pas à parler ici, ainsi que les chemins de fer de Delhi à Lahore, Rawal-Pindi et Peschawar, de Lahore à Moulten, Bawalpar, Khampar et Hyderabad, mettent les places qu'il arrose en communication avec toute l'Inde anglaise.

Les principales rivières afghanes qui se jettent dans l'Indus sont, en partant du nord, la rivière de Caboul ou Caboul-Daria, le Kurum et le Gomul.

Le Caboul-Daria prend sa source à une centaine de kilomètres à l'ouest-sud-ouest de Caboul, dans le massif du Koh-i-Baba, par 34°,30′ latitude nord et 66° longitude est environ. Il est appelé, dans cette première partie de son cours, Djouï-Chir (*Tête de la rivière*).

Le Caboul-Daria arrose la ville de Caboul, a pour tributaires, à droite, la rivière de Logar; à gauche, celle de Pandschir; se dirige ensuite, de l'ouest à l'est, à travers une riche vallée; baigne Djellalabad, Lalpoor; longe l'extrémité des monts Sefîd, qui portent alors le nom de monts du Khyber; entre dans la plaine de Peschawar, ville qu'il laisse à quelques kilomètres sur sa droite, et va se jeter dans l'Indus, en face d'Attok.

Depuis son point de réunion avec le Pandschir jusqu'à Attok, le Caboul-Daria reçoit plusieurs affluents dont les plus considérables sont : à droite, le Surck-Ab (*Rivière rouge*); à gauche, le Khounar, qui descend du Tchitral, et enfin l'importante rivière de Landaï.

La longueur du cours du Caboul-Daria est d'environ 500 kilomètres. Cette rivière peut porter des bateaux depuis Caboul jusqu'à l'Indus; mais son cours torrentueux, les nombreux rapides qu'on y rencontre, les rochers qui encombrent son lit en certains endroits en rendent la navigation pénible et même quelquefois dangereuse.

« Le bassin de la rivière de Caboul présente dans son ensemble une configuration vigoureusement accentuée. Il faut y distinguer deux régions physiques : la partie supérieure du bassin et sa partie inférieure. La première, où se trouve la ville de Caboul, est un plateau montagneux, d'une élévation considérable, et où la température rappelle successivement, selon les saisons, les étés brûlants de la Calabre, le printemps de la Toscane et les froids rigoureux des Alpes ou de la Norwége; la seconde, qui comprend Djella-labad et Peschawar, est une suite de plaines basses et chaudes, dont le climat et la végétation ressemblent à ceux de l'Inde. Une descente rapide, marquant l'escarpement du plateau de Caboul, forme, au-dessus de Djellalabad, la transition de la haute et de la basse région[1]: »

L'altitude des sources du Caboul-Daria est de près de 3,000 mètres; celle de la ville de Caboul de plus de 1,900 mètres. Djella-labad n'est située qu'à 600 mètres au-dessus du niveau de la mer; Lalpoor, à 430 mètres, et Attok, à 278 mètres. Le voyageur qui remonte la vallée du Caboul-Daria doit donc trouver, pour ainsi dire à chaque étape, un changement complet dans l'aspect général du pays, ses productions et son climat.

La vallée du Caboul-Daria est entourée de tous côtés de montagnes très-difficiles à franchir. A l'est même, où la rivière se fraye un passage à travers les hauteurs du Khyber, son lit est tellement resserré entre les rochers qu'on ne peut pénétrer dans le Caboulistan que par un défilé situé à quelques kilomètres au sud, le défilé du Khyber, dont je parlerai dans le chapitre suivant.

Après le Caboul-Daria, le premier affluent de la rive droite de l'Indus, que l'on trouve en descendant vers le sud, est la rivière de Kurum. Ce cours d'eau prend sa source à l'extrémité occidentale du Sefïd-Koh, au pied des monts Djadran, et parcourt, en se dirigeant vers l'est, une profonde vallée formée par les dernières pentes des Djadrans, la chaîne du Sefïd et celle des monts Soleiman. Il passe au pied de Mohamed-Azim ou fort de Kurum, à Ibrahim-Zai, à Bog-Sai, puis tourne au sud, reçoit la rivière Schamil, passe à Bannu ou Edwardezabad, reçoit la Toschee et se jette dans l'Indus, au-dessous d'Isakel. Dans la partie inférieure de son cours, le Kurum est très-large, mais son lit est hérissé de rochers. La vallée du Kurum renferme une des principales voies stratégiques conduisant de l'Inde anglaise vers Caboul.

En continuant sur la carte notre route vers le sud, le long de la frontière afghane, nous rencontrons la rivière de Gomul. Ce cours d'eau prend naissance dans les hauts plateaux formés par les monts

---

[1] VIVIEN DE SAINT-MARTIN.

Soleiman, qu'il franchit par la passe qui porte son nom et qui est, comme celle du Kurum, une des routes de communication les plus accessibles entre l'Inde et l'intérieur de l'Afghanistan.

Dans la partie supérieure de son cours, le Gomul reçoit quelques affluents dont les principaux sont le Mammeye, le Coundour et le Zhobe.

Les eaux du Gomul sont détournées par un grand nombre de canaux pour les besoins de l'agriculture, et cette rivière n'arrive jusqu'à l'Indus qu'aux époques où elle est gonflée par les pluies.

Une foule d'autres petits cours d'eau, issus des monts Soleïman, descendent vers l'Indus; ils figurent sur presque toutes les cartes, mais ils sont presque tous insignifiants, peu ou point reconnus, et m'occuper d'eux serait arrêter inutilement l'attention du lecteur.

V.

VOIES DE COMMUNICATION. — PASSAGES ET DÉFILÉS. VILLES ET POINTS STRATÉGIQUES.

1° ROUTES DE L'EST.

Trois grandes voies de communication permettent de pénétrer dans l'Afghanistan par sa frontière de l'est. Nous allons les étudier en allant du nord au sud.

A. — ROUTE DE PESCHAWAR A CABOUL PAR LE KHYBER[1].

Le premier des passages par ordre d'importance et de célébrité est celui du Khyber, une des clefs de l'Inde; il mène directement de Peschawar à Caboul.

La route de Peschawar à Caboul ne suit pas exactement le cours du Caboul-Daria. Les bords de cette rivière sont tellement escarpés, en effet, que le *tracé* du chemin (si l'on peut s'exprimer ainsi pour ceux de l'Afghanistan) s'en éloigne souvent à une distance de plusieurs kilomètres au sud.

Cette route est praticable pour toutes les armes, mais non sans d'énormes difficultés. On peut se procurer tout le long de son parcours de l'eau, des fourrages et des vivres.

En se dirigeant de Peschawar sur Caboul, on aperçoit d'abord Jamrood, petite place située sur la frontière, à 12 kilomètres O. de Peschawar, et occupée en tous temps par une garnison anglaise.

---

[1] Voir la carte n° 1.

Jamrood n'est, en définitive, qu'un village entouré d'une muraille en terre sèche. Il contient à peine une soixantaine de maisons.

On peut pénétrer dans le Khyber par deux voies principales, partant toutes les deux de Jamrood, pour aboutir au fort Ali-Mesdjid, qui en commande l'entrée. Celle du nord s'appelle le *Shadi-Bajawaru;* elle passe par Sarkamar. Sa longueur est d'environ 16 kilomètres.

La seconde route, celle du sud, plus suivie, mais beaucoup plus longue que la précédente, porte le nom de *Jugoli.* Elle entre dans la montagne à Kadam, petit village situé à quatre ou cinq kilomètres O.-S.-O. de Jamrood, et près duquel on voit les ruines d'un vieux fort sick. A un kilomètre de Kadam, la gorge se resserre de façon à n'avoir plus que 100 à 150 mètres d'ouverture; de chaque côté se dressent des rochers complétement à pic, premières assises de montagnes hautes de 1,500 pieds. Bientôt la passe se rétrécit encore, et, à quelques kilomètres avant d'arriver au pied du fort Ali-Mesdjid, où elle rencontre la route du Shadi-Bajawaru, sa largeur varie entre 80 et 20 mètres. De Jamrood au pied du fort Ali-Mesdjid, par Kadam, on compte 24 kilomètres.

Le fort Ali-Mesdjid, situé sur un plateau escarpé, de 740 mètres d'altitude, commande les deux routes qui viennent de Jamrood et ferme l'entrée de la passe du Khyber.

La route du Khyber grimpe le long des pentes de ce plateau, en laissant le fort au sud. Pendant plusieurs kilomètres, elle conserve sa nature sauvage et difficile; puis la passe s'élargit peu à peu, jusqu'à atteindre une largeur de plus d'un kilomètre; en même temps, les montagnes qui la bordent de chaque côté deviennent de plus en plus accessibles. Le chemin passe alors au-dessous d'Ischpola et entre, à 10 kilomètres d'Ali-Mesdjid, dans la vallée de Lala-Beg, qui a environ 10 kilomètres de long sur 2,400 mètres de large.

A l'extrémité ouest de cette vallée, le défilé se resserre tout à coup à tel point que deux chameaux peuvent à peine y passer de front. On arrive ainsi au sommet du passage, situé près de Landikhana, à une altitude de 1,000 mètres; mais, pour y parvenir, il faut franchir une montée excessivement rapide et très-pénible pour l'artillerie.

A partir de Landikhana, la descente s'opère sans grande difficulté le long d'une assez bonne route. La vallée s'élargit, les pentes s'adoucissent et la contrée perd son caractère sauvage.

La passe se termine en face de Daka, petite ville de 1,200 habitants, située sur la rive droite du Caboul-Daria, en face de Lalpoor.

Le capitaine Burnes, dans la relation de son voyage de Peschawar à Caboul, parle avec admiration du spectacle qui s'offre au voyageur à la sortie du défilé : « La vue est réellement magnifique, dit-il. Nous pouvions apercevoir la ville de Djellalabad à 40 milles de distance, ainsi que la rivière de Caboul poursuivant son cours extrêmement sinueux dans la plaine et la partageant en un nombre infini d'îles fertiles. Le Sefid-Koh ou *mont Blanc* élevait sa cime d'un côté; en face se dressait majestueusement le mont Kounar, couvert d'un manteau de neiges éternelles. »

Au sud de Daka se trouve un fort carré, dit *fort de Daka*, défendu par des remparts en terre d'une hauteur de 25 pieds, et dont chaque front peut avoir près de 400 mètres de longueur. Ce fort, qui est dominé à une très-faible distance par les collines qui entourent Daka, ne paraît pas susceptible d'une défense sérieuse. Il renferme de vastes casernes et une sorte de palais autrefois destiné à servir de résidence à l'émir de Caboul.

La longueur des défilés du Khyber, du fort Ali-Mesdjid à Daka, est de 35 kilomètres : ce qui nous donne 51 kilomètres de Jamrood à Daka, par le Shadi-Bajawaru, et 59 kilomètres entre ces deux mêmes points, par le Jugoli.

Plusieurs chemins praticables pour des colonnes légères permettent de tourner le fort Ali-Mesdjid. Je citerai celui de Lashura à Paniput, qui rejoint la route principale par les passes de Tor-Tong et de Kata-Kushtia à quelques kilomètres au N.-O. d'Ali-Mesdjid; la route du Takhtara, qui entre dans la montagne à 16 kilomètres au nord de Jamrood et débouche près de Daka; celle du Bara, qui offre le moyen de gagner, par le sud, la vallée de Lalabeg; enfin, les routes de Mitschni et d'Abazai, qui permettent d'éviter les passes du Khyber et d'atteindre, par le nord, Lalpoor et Djellalabab; mais ces deux voies ne sont pas accessibles pour une armée en campagne.

Les habitants des montagnes du Khyber, Khyberis ou Khybériens, appartiennent à trois tribus principales : celles des Affriddi, des Tchainwaris et des Ourouks, renommées pour leur amour du pillage.

« Les Khyberis, dit M. Perrin, sont maigres, mais musculeux, avec des figures longues et décharnées, le nez élevé, des pommettes saillantes, un teint très-brun. Leur vêtement, en hiver du moins, consiste en une tunique d'étoffe grossière, descendant jusqu'au milieu de la jambe; leur coiffure est un turban de couleur foncé, et leur pied est enfermé dans une sorte de sandale en paille. »

Leurs maisons sont groupées en nombreux villages dans toutes les vallées; elles ont des toits en terrasse et sont d'un aspect assez propre; elles ne servent guère d'habitation que l'hiver, presque tous les Khybéris habitent, pendant l'été, les montagnes, où ils logent sous la tente.

« Les Khybéris sont d'excellents tireurs. Bons soldats dans les montagnes, ils ne soutiennent pas cette réputation dans les pays de plaines. La nature leur a donné plus de goût pour la rapine que pour la guerre, et si les bagages de l'armée à laquelle ils appartiennent se trouvent sans défenseurs, ils font main basse dessus sans scrupule. On peut les considérer comme les plus éhontés pillards de tout l'Afghanistan; il y a lieu de croire que le sentiment de l'honneur leur est tout à fait étranger [1]. »

Le passage du Khyber a été plus d'une fois franchi par les troupes anglaises.

En 1839, c'est le colonel Wade qui enlève les passes en quelques jours et sans essuyer de pertes sérieuses. En 1842, c'est le général Pollock qui pénètre par ce chemin dans l'Afghanistan, à la tête d'une forte colonne expéditionnaire, va délivrer l'héroïque garnison anglaise assiégée dans Djellalabad, et tire une éclatante vengeance des massacres de Kood-Caboul.

En 1878, la division Browne, réunie devant Jamrood, traverse la frontière le 21 novembre, canonne le même jour le fort Ali-Mesdjid, qui est abandonné pendant la nuit même par sa garnison, arrive le 24 à Landikhana, et entre le 25 à Daka.

La grande barrière du Khyber ne présente donc plus un obstacle insurmontable pour des troupes aguerries, conduites par un chef expérimenté; mais une fois cet obstacle franchi, la grande difficulté est d'entretenir des communications à travers les passes avec la base d'opération [2].

Si les tribus du Khyber restaient hostiles à une armée d'invasion, elles deviendraient en effet pour cette armée une cause d'embarras très-sérieux. Vivant dans le pays, connaissant tous les passages, toutes les retraites, habitués à tous les dangers, entreprenants et agiles, les belliqueux habitants de ces contrées ne manqueraient pas de harceler les convois et d'intercepter à chaque instant la route de Daka à Peschawar. Il est donc important pour l'Angleterre de

---

1 M. Perrin, d'après Elphinstone.

2 Les dernières nouvelles constatent encore la peine que le général Browne, actuellement à Daka, éprouve à maintenir ses communications avec Peschawar, et l'urgente nécessité de la création de colonnes mobiles considérables pour escorter les convois ou châtier les tribus insoumises.

les soumettre ou de s'assurer tout au moins leur neutralité par un coup d'éclat.

De Daka la route suit la vallée du Caboul-Daria parallèlement au cours de cette rivière et à quelques kilomètres au sud de sa rive droite. Elle traverse Hazarnan et Bassoli (Bassawal), Ghaziabad et arrive enfin à Djellalabad.

Entre Daka et Bassawal existe le défilé peu important de Kurd-Khyber (Petit-Khyber), défendu autrefois par un fortin aujourd'hui en ruines. Entre Bassoli et Ghaziabad et le village de Batikot, situé à quelques lieues au sud, se trouve une lande pierreuse, où règne pendant la saison chaude le vent pestilentiel du simoun, bien que les montagnes des deux côtés de la vallée soient couvertes de neiges perpétuelles.

Djellalabad est situé à 64 kilomètres de Daka, soit à 123 kilomètres de Peschawar. C'est une petite ville de 1,500 maisons, qui a toujours été un point commercial important. Elle est renommée pour la douceur de son climat, et les souverains de l'Afghanistan en ont fait leur résidence d'hiver. Burnes nous la représente comme fort laide intérieurement et fort mal entretenue; les descriptions qui nous en arrivent aujourd'hui donnent lieu de croire que son aspect général ne s'est pas modifié.

Djellalabad est une place importante par son histoire, sa position et les travaux qui y ont été faits.

Sa défense héroïque en 1842 rattache glorieusement son nom aux douloureux souvenirs qu'ont laissés la campagne entreprise par l'Angleterre en 1839 et les désastres qui en furent la suite en 1841; toutes les routes venant de l'Inde dans la vallée du Caboul-Daria y aboutissent, et nulle entreprise ne peut être tentée sur la capitale si Djellalabad n'est pas entre les mains de l'envahisseur; enfin, ses fortifications, reconstruites vers le milieu de ce siècle par Dost-Mohammed, ont été encore perfectionnées par Schere-Ali, qui a toujours déployé la plus grande activité et un talent réel, lorsqu'il s'est agi de mettre son pays en état de résister contre les entreprises de l'étranger.

En sortant de Djellalabad, la route de Caboul se dirige vers l'ouest, suivant pendant 15 kilomètres environ la rive droite du Caboul-Daria, puis elle s'incline vers le sud-ouest et traverse la riche vallée de Bala-Bagh jusqu'à Gandamak, grand village situé à une cinquantaine de kilomètres de Djellalabad, à l'entrée de la région montagneuse.

C'est là que commence à se faire réellement sentir la différence qui existe entre le bas et le haut de la vallée du Caboul-Daria, au point de vue de la température, des productions, etc. « A Gandamak, dit e capitaine Burnes dans le récit de son voyage de Peschawar à Caboul, le froment que l'on était sur le point de couper, à Djellalabad, n'avait que trois pouces de haut, et cependant la distance d'un lieu à un autre, n'est pas d'une trentaine de milles. Nous découvrîmes dans les champs la marguerite blanche au milieu du trèfle; les montagnes, éloignées seulement de quelques milles, étaient couvertes de superbes forêts de sapins; on sentait la végétation du nord dans tout l'aspect du pays, et l'air plus vif et plus piquant nous invitait à nous vêtir davantage. »

En sortant de Gandamak, la route passe à Sefid-Sang, à Surk-Ab, village situé sur la rivière du même nom, qu'on franchit sur un pont; elle traverse ensuite la passe de Karkatscha, à 2,500 mètres d'altitude, longe le fort de Djabar, entre dans le défilé des Sept-Passes, et pénètre dans celui de Kurd-Caboul, si tristement célèbre par le massacre qui y fut fait, en 1842, des débris de l'armée anglaise, par les Afghans parjures à la foi donnée.

« Le Kurd-Caboul est une gorge affreuse de 8 kilomètres de long, si étroite qu'il y a à peine place pour un mauvais chemin, ou plutôt pour un sentier accessible aux chevaux, entre le flanc escarpé de la gorge et le torrent qui coule au fond. En beaucoup d'endroits, les rayons du soleil ne pénètrent que rarement. Le torrent coule le long de la route avec une grande impétuosité et la coupe environ trente fois. Souvent le courant est assez fort pour interrompre la circulation [1]. »

La sortie du défilé est à Butkhat, dans la petite vallée de Caboul, à 17 kilomètres à l'est de cette ville.

Une seconde route mène de Daka à Caboul. Cette route, qui est absolument impraticable aux voitures, se détache de la première à Bassoli, traverse Batikot, Sador, Sckautani et vient rejoindre la route principale à Gandamak.

La distance de Caboul à Djellalabad est de 150 kilomètres environ; celle de Caboul à Peschawar, par le Jugoli, est donc de 275 kilomètres.

Caboul, chef-lieu de la province du Caboulistan et résidence de l'émir des Afghans, est située par 34°,30′ latitude nord et 66°,46′ longitude est, au milieu d'une vallée fertile bien cultivée, et d'un aspect extrêmement pittoresque. Son altitude est de 1,917 mètres; cette grande élévation y rend les hivers longs et particulièrement rigoureux.

La ville a environ quatre kilomètres de circonférence; elle n'a

---

[1] *Revue militaire de l'étranger*, n° 435.

pas d'enceinte. A son extrêmité sud-est se trouve la citadelle appelée Bala-Hissar (*le palais des rois*), qui domine Caboul et forme comme une ville à part entourée d'un mur bastionné. Le Bala-Hissar contient le palais du souverain, des jardins, le tombeau de Baber, quelques monuments publics, un fort intérieur et un millier de maisons avec un bazar.

Par elle-même et par ses ouvrages, cette forteresse est respectable; mais elle est dominée par des hauteurs voisines et serait promptement réduite au silence par les batteries qu'on y établirait. Bien que situé à 1,917 mètres d'altitude, Caboul n'est en effet qu'un véritable cul-de-sac entouré de tous côtés par des montagnes énormes.

La ville de Caboul proprement dite se compose de la vieille ville, où l'on compte environ 5,000 maisons et de vastes faubourgs. Sa population totale est évaluée à 60,000 habitants.

De tous temps la position de Caboul en a fait un lieu de transit important; c'est là, en effet, que se croisent les grandes routes qui viennent de l'ouest et du sud pour monter vers le Turkestan, la Bouckharie et la Chine.

Caboul est située à 515 kilomètres nord-est de Candahar, à 800 kilomètres est de Hérat et à 565 kilomètres de Balk.

B. — ROUTE DE L'INDUS A CABOUL PAR LE KURUM[1].

La seconde voie de communication donnant accès du Pendjab dans le cœur même de l'Afghanistan est celle du Kurum, qui, remontant la vallée de ce nom, franchit vers le 67° de longitude E. les derniers contreforts du Sefid-Koh et débouche dans la vallée du Logar, à 60 kilomètres environ au sud de Caboul, entre cette ville et la place importante de Ghazni.

La route du Kurum est regardée comme la meilleure de celles qui relient le Pendjab au centre de l'Afghanistan, tant sous le rapport de la facilité des chemins qu'au point de vue des ressources de toute nature qu'offrent les pays qu'elle traverse.

C'est en même temps une voie stratégique de la plus haute importance. Il suffit, en effet, de jeter un coup d'œil sur la carte pour se rendre compte qu'une armée d'invasion marchant sur Caboul par le Kurum peut combiner ses mouvements avec ceux des troupes agissant dans la vallée du Caboul-Daria, de façon à tomber sur les flancs ou sur les derrières des défenseurs de cette vallée, et tout au

---

[1] Voir la carte n° 2.

moins à les arrêter dans leur retraite sur Caboul; et que si, d'un autre côté, elle parvenait dans la vallée du Logar, elle deviendrait immédiatement maîtresse de la route de Caboul à Ghazni, et intercepterait ainsi toutes les communications de la capitale avec Candahar et le sud de l'Afghanistan.

Les villes anglo-indiennes de Kohat et de Bannu sont les deux places naturellement désignées pour servir de première base d'opérations à toute armée d'invasion destinée à remonter la vallée du Kurum. De chacune d'elles part une route se dirigeant sur Thall ou Thull, localité située à l'extrême frontière indienne, à l'entrée même de cette vallée.

Kohat est une ville de 6,000 à 8,000 habitants, bâtie dans un angle formé par les montagnes du Sefid oriental, sur la rivière de Kohat; sa position astronomique est 33°,35' latitude N. et 69°,10' longitude E. C'est une place forte qui renferme en tous temps une garnison de deux à trois mille hommes; elle est distante de 55 kilomètres S.-S.-O. de Peschawar, à laquelle elle est reliée par une bonne route. A 4 kilomètres au nord de Kohat, cette route entre sur le territoire des Affrides indépendants, qu'elle traverse pendant une vingtaine de kilomètres; elle passe ensuite sous le fort anglais de Mackeson et se dirige de là, droit au nord, vers Peschawar.

Les environs de Kohat sont, paraît-il, ravissants; le pays est admirablement cultivé, la végétation luxuriante; de nombreux cours d'eau descendent en cascades des montagnes avoisinantes et entretiennent une fraîcheur délicieuse dans la vallée; toutes les routes sont parfaitement entretenues et bordées d'arbres magnifiques; enfin, le climat est excellent en toutes saisons, même pour les Européens. Cependant l'idéal de la vie champêtre n'y est pas sans mélange. Les habitants de la montagne font de fréquentes incursions dans la plaine, et y commettent même de si nombreuses déprédations que, pour assurer autant que possible la sécurité du pays, on a dû le couvrir de petits postes d'observation. Ces petits postes, qu'on rencontre en grand nombre, du reste, tout le long de la frontière anglo-indienne, sont des tours en terre d'une trentaine de pieds d'élévation, et dans lesquelles les gardes qu'on y place pénètrent au moyen d'échelles, la porte d'entrée étant située au milieu de la hauteur du bâtiment. Une fois chez eux, ces gardes doivent avoir grand soin de retirer immédiatement leur échelle, dont les Affrides, qui volent tout, « depuis une pierre tumulaire jusqu'à un poulet, » ne manqueraient pas de s'emparer.

De Kohat, une route en très-bon état d'entretien se dirige sur Thall, distant de 100 kilomètres environ, en passant par Hangu, Nuriab, Torawaru et Darnan.

Bannu, Bunnoo ou Edwardesabad est située sur le Kurum, à quelques kilomètres de la frontière afghane et à 150 kilomètres sud-sud-ouest de Peschawar; sa position astronomique est 33° latitude nord et 68°,20′ longitude est. C'est une ville de 4,000 à 5,000 habitants et une des principales garnisons du Pendjab; elle est reliée, par une bonne route de 90 kilomètres environ, à Isackhel, station importante bâtie sur les bords de l'Indus.

Bannu est une place forte, et les Anglais lui ont donné le nom d'Edwardesabad, en mémoire du major Edwardes, qui y a exécuté de remarquables travaux de défense.

Les environs de Bannu sont fertiles, bien cultivés et offriraient de nombreuses ressources de toute nature à un corps d'armée qui y serait cantonné.

L'origine de Bannu remonte à une haute antiquité. « Cette ville est citée, dès le ive siècle, dans la *Relation chinoise* de Fahian, et, depuis, dans l'*Histoire des campagnes* de Timour et de Baber, comme se trouvant sur une des grandes voies de communication, entre le pays de Ghazni et les plaines du Sindh[1]. »

De Bannu, une route en bon état se dirige sur Thall, en remontant la vallée du Kurum. A quelques kilomètres au nord-ouest de Bannu, cette route rencontre un petit fortin appelé Avant-poste de Kurum (*Kurum out-post*); elle traverse ensuite, pendant une trentaine de kilomètres, le district des Vaziris, dont les tribus à peu près indépendantes sont placées sous l'autorité nominale de l'émir de Caboul, passe à Ziram, Lucannu, et, laissant Billana sur la gauche, arrive à Thall. De Bannu à Thall, on compte près de 64 kilomètres.

Thall ou Thull est située sur le territoire anglais, au confluent de la rivière du Kurum avec le petit cours d'eau de Nuriab; c'est le point de concentration indiqué de toute force anglo-indienne se disposant à remonter la vallée du Kurum et venant soit de Kohat, soit de Bannu, soit de ces deux villes.

En dehors de son importance stratégique, Thall ne semble pas offrir par elle-même de grandes ressources pour la réunion d'une troupe nombreuse. Sir Herbert Edwardes décrit ce pays comme un désert, pouvant être seulement habité par des sauvages; le docteur Bellew, qui y a fait une halte dans son voyage à Ghazni, en 1857, avec la mission Lumsden, dit qu'on y trouverait difficilement un terrain propre à l'établissement d'un camp quelque peu considérable.

---

[1] M. Vivien de Saint-Martin.

Quoi qu'il en soit, sir Neville Chamberlain en a fait la base de ses opérations dans la vallée du Kurum en 1855 et en 1859; le général Keyes y a établi son quartier général lors de son expédition de 1869, et, enfin, c'est à Thall que le général Roberts a réuni, en 1878, la colonne expéditionnaire placée sous son commandement.

En sortant de Thall, le chemin de Caboul continue de suivre le fond de la vallée du Kurum, passe à Yarkan-Kila, Bogsaï, Gidar, Ibrahim-Zaï, Zangaï, et arrive au pied du fort Mohamed-Azim, appelé aussi fort du Kurum. Une route, partant de Bogsaï, permet d'atteindre le fort Mohamed-Azim par les défilés de Darwaza.

De Thall au fort Mohamed-Azim, on compte 80 kilomètres environ. Pendant ce trajet, la route traverse plusieurs fois la rivière du Kurum et est d'un parcours difficile [1]. Elle longe le pays de Khost, dont les populations turbulentes peuvent devenir une cause d'embarras si on ne dispose pas d'une force suffisante pour assurer la sécurité des convois entre le fort du Kurum et la base d'opérations.

Aucune route proprement dite ne mène dans les vallées de Khost; mais de nombreuses reconnaissances fournies par des détachements laissés à Ibrahim-Zaï, Bogsaï, etc., pourraient permettre de maintenir les habitants dans un respect salutaire pour l'armée d'invasion [2].

Le fort Mohamed-Azim, ou fort du Kurum, est construit à 1,800 mètres au-dessus du niveau de la mer, sur un escarpement situé entre deux confluents du Kurum et commandant le passage de cette vallée. Aussi bien par sa position que par les travaux qu'on y a faits, c'est un ouvrage important et qui serait susceptible d'une résistance sérieuse.

En partant du fort Mohamed-Azim, le chemin de Caboul s'écarte de la rivière du Kurum, qu'il laisse au sud, pour se diriger vers le nord-ouest sur la passe de Peïwar, en passant par Habibi-Kila et le village de Peïwar.

Plus on se rapproche de ce dernier point et plus la voie devient accidentée et d'un parcours difficile. Le pays est très-boisé, et le terrain présente l'aspect sauvage et grandiose d'une région absolument alpestre.

---

[1] On travaille activement en ce moment à la construction d'une véritable route sur la rive gauche du Kurum, entre Thall et le fort Mohamed-Azim.

[2] Une expédition toute récente du général Roberts dans la vallée du Khost a montré une fois de plus les dispositions hostiles des tribus qui l'habitent, et la nécessité qu'il y aurait eu à les mettre hors d'état de nuire, avant de pousser en avant.

Les tribus Djadgis, Waziris ou Mangales, qui habitent les montagnes des environs, sont éminemment batailleuses, avides d'aventures et surtout de butin, et ce n'est qu'en laissant le long de la route des détachements spéciaux, capables d'exercer d'énergiques représailles contre ces indigènes capables de toutes les atrocités, qu'un corps d'armée parvenu au Peïwar pourra maintenir ses relations avec Thall ou le fort du Kurum.

La passe de Peïwar, distante du fort Mohamed-Azim d'environ 30 kilomètres, est située à près de 2,500 mètres d'altitude; elle est dominée au nord par le mont Sikaram, dont la hauteur est évaluée à 4,775 mètres, et au sud par le plateau de Peïwar, énorme barrière de plus de 25 kilomètres de longueur, qui ferme complétement la vallée du Kurum, depuis le lit de cette rivière jusqu'au massif du Sikaram.

Le défilé de Peïwar est le seul passage par lequel une armée puisse franchir cette barrière. A quelques kilomètres au nord se trouve bien une route praticable pour des troupes, celle du Spin-Ghori-Rud ou Sefid-Koh-Rud (*rivière du mont Blanc*), mais elle se confond bientôt avec la voie principale, et on peut dire qu'elle n'en est qu'une annexe. Quant aux autres chemins qu'on rencontre le long de ces hauteurs, ils sont accessibles à peine pour des petites colonnes légères. La possession de la passe de Peïwar est donc de la plus haute importance pour l'attaque comme pour la défense; aussi voyons-nous que, dans l'expédition de 1878, les Afghans y ont opposé une énergique résistance aux troupes du général Roberts.

En sortant du défilé de Peïwar, la route de Caboul tourne tout à coup vers l'O.-S. et descend, par une pente excessivement rapide, dans une vallée boisée, fertile et bien arrosée, où se trouvent de nombreux villages, parmi lesquels je citerai Djadran, Baïram-Khel et Ali-Khel. Ce dernier, situé à 20 kilomètres de l'entrée de la passe de Peïwar, présente des ressources importantes pour l'installation d'un camp et l'approvisionnement des troupes.

D'Ali-Khel la route se redresse brusquement vers le N.-O., traverse le village de Rokian et la passe du même nom, point important pour la défense, rencontre les villages d'Hézarderakht, Djadjthana, Katlasang, et franchit les monts Sefid par les défilés de Sirkaï et de Schuturgardan, qui sont les seules portes par lesquelles une armée venant du Kurum peut pénétrer dans le bassin du Logar et descendre de là sur Caboul ou se diriger vers le sud-ouest sur Ghazni.

La passe de Schuturgardan (*dos de chameau*) est à environ 13,000 pieds au-dessus du niveau de la mer. Le froid s'y fait tellement sentir, qu'au mois d'avril 1857 la petite escorte de Lumsden, composée de 19 hommes et de leurs chevaux, y perdit en une seule nuit, par congélation, deux de ces animaux.

Comme celle de la passe de Peïwar, l'ascension des défilés de Sirkaï et de Schuturgardan est moins difficile par l'est que par l'ouest, où la montagne présente des pentes d'une excessive roideur; mais, des deux côtés, ces passages resserrés entre des rochers à pic peuvent être gardés facilement par une poignée de soldats résolus.

L'extrémité occidentale de la passe de Schuturgardan est à Akhun-Khel, village et poste fortifié situé sur un affluent du Logar. D'Ali-Khel à Akhun-Khel, la distance est d'environ 60 kilomètres. La route suit cet affluent pendant 20 kilomètres jusqu'à Kutschi où elle se bifurque; l'un de ses embranchements se dirige directement vers le nord sur Caboul, à travers un pays montagneux et peu habité; l'autre descend vers l'ouest jusqu'au Logar, qu'il traverse en amont de Kila-Wezir, entre les villages de Padkhochana, Padkhoreyan et Barack. De là, le chemin se redresse vers le nord, suit la rive gauche du Logar jusqu'aux environs de Tscharasia, où il rencontre l'autre route venant de Kutschi, et arrive à Caboul. Cette seconde voie parcourt une vallée fertile, couverte de villages, et offrirait de nombreuses ressources à une armée en marche.

Des chiffres donnés ci-dessus il résulte que la longueur de la voie du Kurum, de Thall à Kutschi, peut être évaluée approximativement à 210 kilomètres; de Kutschi à Caboul on compte environ 60 kilomètres par la route directe du nord, et 90 kilomètres par celle qui suit la vallée du Logar, ce qui nous représente comme distance de Thall à Caboul 270 ou 300 kilomètres, suivant que l'on prend l'un ou l'autre de ces deux derniers chemins.

En continuant pendant 30 kilomètres vers l'ouest la route de Kutschi à Barack, on trouve le village de Sayadabad, où passe la route allant de Caboul à Ghazni et Candahar. Sayadabad est situé à 70 kilomètres environ S.-O. de Caboul, et à 80 kilomètres N. N.-E. de Ghazni. La description sommaire de cette dernière ville, si célèbre dans l'histoire des Afghans, trouvera place tout à l'heure dans le paragraphe consacré à l'étude de la route de Candahar à Caboul.

De Barack, une route se dirigeant vers le sud permet également d'atteindre Ghazni en passant par Mohamed-Khan, Kota-Khel et Kahmack. Par ce chemin, on compte 120 kilomètres de Ghazni à Barack et 170 kilomètres de Ghazni à Caboul.

La marche des Anglais dans le Kurum, en 1878, a été rapide et brillante. Le 21 novembre, à trois heures du matin, la colonne du général Roberts, forte d'environ 6,000 hommes, franchissant la frontière, traversait la rivière devant Thall et se portait rapidement sur Ali-Meshana. Le 26, l'avant-garde atteignait Bogsaï, et, le 27, le fort Mohamed-Azim, abandonné par ses défenseurs, tombait entre les mains de l'armée anglo-indienne. Arrêté un instant dans sa marche en avant par les troupes afghanes réunies au Peïwar, le général Roberts réussissait cependant à s'emparer de cette position dans la nuit du 1er au 2 décembre, en la tournant par le Spin-Ghori-Rud, et enlevait 18 canons à l'ennemi. Le 6, les Anglais étaient à Ali-Khel, et, le 9, les éclaireurs reconnaissaient les passes du Schuturgan. Après cette démonstration, le général Roberts a ramené sa division au fort du Kurum, où sont établis ses quartiers d'hiver.

La rapidité même de cette marche a fait que la sécurité de la colonne et de ses communications n'a pu être assurée d'une manière suffisante. Il est impossible aux soldats de s'éloigner de leurs campements sans courir le risque d'être assassinés ; les conducteurs des convois, les gens à la suite de l'armée sont massacrés s'ils ne marchent sous la protection de forces relativement considérables ; à chaque instant les communications avec le bas de la vallée sont complétement interrompues ; plusieurs villages dont les habitants s'étaient montrés favorables aux Anglais ont déjà été brûlés, et l'impunité dans laquelle on est obligé de laisser les montagnards, par suite de la faiblesse numérique du corps expéditionnaire, ne peut que les encourager encore à continuer avec plus d'audace leurs meurtres et leurs dévastations.

C. — ROUTE DE L'INDUS A GHAZNI PAR LE GOMUL.

La troisième voie de communication reliant l'Inde avec le centre de l'Afghanistan est celle de la vallée du Gomul, qui, traversant les monts Soleïman vers 32° 10′ lat. N., entre les deux massifs de Kunde et de Takhti-Soleïman, relie la vallée de Sindh à Ghazni, Caboul et Candahar.

Cette route ne présente peut-être pas des défenses naturelles aussi formidables et des obstacles d'un genre aussi grandiose que ceux qu'on rencontre sur la route de Peschawar à Caboul ou sur celle de la vallée du Kurum, mais dans la région des hauts plateaux, c'est-à-dire pendant la plus grande partie de son parcours, elle traverse un pays presque désert où le fourrage, l'eau et la nourriture font souvent défaut. Dans ces régions élevées, l'hiver est long et d'une grande rigueur, et pendant un tiers de l'année les passages deviennent impraticables par suite des neiges qui y sont amoncelées; de plus, en certains endroits, la route est resserrée entre les rochers à tel point que les chameaux ont peine à passer avec leur charge; enfin les peuplades Waziris en infestent les parages, pillant ou rançonnant les caravanes qui ont le malheur de s'y aventurer.

Ces Waziris ont infligé en 1860, à une petite expédition dirigée par sir Neville Chamberlain, une perte de 90 hommes tués et de près de 300 blessés.

La route de Gomul, en quittant l'importante station militaire et commerciale de Dera-Ismaïl-Khan, se dirige vers l'O.-N.-O, par Kulachi et Zafar-Koh sur Mandjigarh, localité près de laquelle elle franchit la frontière anglo-indienne. De Dera-Ismaïl-Khan à Mandjigarh, on compte 75 kilomètres.

Le premier village afghan que l'on rencontre de ce côté est Zemarikah, situé au pied des monts Solcïman, à quelques kilomètres au sud des rives du Gomul. La route s'enfonce ensuite dans la montagne par les défilés de Mashkani et de Ghuleri, dominés au nord par les massifs de Gerisir (1,800 mètres) et de Kunde ou Kunde-Ghor (2,500 mètres), et au sud par celui du Takhti-Soleïman (*trône de Salomon*), sur lequel les Mahométans croient que l'arche de Noé aborda après le déluge.

Le Takhti-Soleïman, haut de 3,500 mètres, mérite au moins par sa majesté l'honneur que lui font les légendes du pays. Des pèlerins s'y rendent en grand nombre chaque année, et au sommet de la montagne les prêtres les admettent à toucher ce que la tradition prétend être une portion de l'arche, relique sacrée, objet de profonde vénération pour les visiteurs.

En sortant des défilés, dont la longueur est de près de 30 kilomètres, la route atteint le village de Kirkani, où elle rejoint le Gomul; puis, suivant pendant longtemps la rive droite de cette rivière, elle la traverse en face de Kotghaï. Tout près et en aval de ce village, la route se bifurque; un de ses embranchements se dirige vers Candahar, à travers un pays désolé et que les caravanes ne franchissent qu'avec mille difficultés; l'autre, remontant le long de la rive gauche du Gomul, passe à Topa-Una, Batsal, Stigaï, traverse encore une fois la rivière, atteint Ab-i-Talk ou Sarmargha, Othman, le défilé et le poste fortifié de Kala-i-Kharoti, franchit la passe de Sarwandi à plus de 2,000 mètres d'altitude, celles de Spincha et de Sarga, et débouche alors dans les hautes vallées du bassin intérieur de l'Ab-Istada. Le chemin se dirige ensuite sur Langar, petite place forte, Pana et Djoga, villages importants situés à 2,200 mètres environ de hauteur, au milieu des montagnes du Karabagh, remonte la rivière de Ghazni et parvient à cette ville après s'être soudée à Nani

à la route de Candahar à Ghazni. Nani est situé à 2,260 mètres
d'altitude ; sa distance de Mandjigarh peut être évaluée à 350 kilomètres au maximum ; de Nani à Ghazni, on compte à peine 18 kilomètres.

En dehors des trois passages que je viens de citer, il existe encore
sur la frontière de l'est, à travers les monts Soleïman, quelques
chemins accessibles pour des voyageurs isolés ou de petites caravanes, mais ils sont absolument impraticables pour des corps d'armée emmenant avec eux leurs impedimenta. Je me contenterai donc
de citer pour mémoire les passes de la Tochée, de Jundoola ou de
Tank ; celles de Draband, de Shangan, de Dahna, de Lundi et de
Rakni.

2° ROUTES DU SUD.

DE JACOBABAD A CANDAHAR, PAR DADAR, LA PASSE DE BOLAN, QUETTA
ET LES DÉFILÉS DU KHODJAK ET DE GHWAJA.

Dans le sud de l'Afghanistan pénètre une voie importante qui,
reliant Jacobabad à Candahar, met en communication la vallée du
Sindh avec tout le S.-O. de l'Afghanistan, la Perse et le Turkestan.
C'est une des lignes de transit les plus considérables de l'Asie centrale, et au point de vue politique c'est une des grandes routes de
l'Inde pour les peuples du nord.

Le point de départ de cette route sur la frontière anglo-indienne
est à Jacobabad, ville située au N.-N.-O. de Schikarpur et à 80 kilomètres environ de Bakkar ou Bakar, bâtie sur les bords de l'Indus
et station du chemin de fer de Lahore.

De Jacobabad la route de Candahar se dirige vers le N.-O. à travers
le désert sablonneux du Balouchistan [1] sur Bashoree et Moolana,
d'où un embranchement tourne vers l'O. sur Gandava, tandis que
la route principale se relève vers le N. et rencontre Syedad, Massee,

---

1 J'emploie le mot *Balouchistan* au lieu de celui de *Bélouchistan*, généralement
adopté en France, en m'appuyant sur l'opinion émise à ce sujet par M. Vivien
de Saint-Martin. « La principale raison que nous avons pour écrire *Balouches,*
Balouchistan, et non *Béloutches*, dit l'éminent géographe, nous vient de Pottinger
lui-même, indépendamment de l'autorité qui se tire des sources orientales. On sait
que le voyage de Pottinger a été traduit en français par M. Eyriès ; or, celui-ci nous
a répété ce fait qui avait beaucoup préoccupé sa minutieuse exactitude scientifique,
que le voyageur lui avait dit que, bien qu'il eût suivi, en écrivant *Béloutches,*
l'usage dominant dans l'Inde, la véritable prononciation du mot, parmi les indigènes, était *Balouches*. Et M. Pottinger, ajoutait M. Eyriès, lui avait plusieurs fois
exprimé le regret de ne pas avoir employé la véritable forme indigène du nom. »

Meepoor et Bagh. Cette dernière ville, située dans l'oasis fertile du Katch-Gandava (*la perle du khan de Kélat*), renferme environ six cents maisons et est un centre de commerce assez considérable.

De Bagh le chemin se maintient dans la direction N.-O., et passe à Mohishar, Nauschara où il est rejoint par la route de Gandava, pénètre dans le massif montagneux qui sépare le bassin de l'Indus de celui de l'Helmand et atteint Dadar, petite ville située à l'entrée des passes de Bolan. Il franchit ensuite ces défilés longs de plus de 100 kilomètres, au milieu desquels se trouvent les villages de Kirtu, Bibinani, Ab-i-Gum, Sir-i-Bolan, et débouche enfin à Kharlaki dans la riche vallée de Quetta.

De Jacobabad à Quetta la distance peut être évaluée à 300 kilomètres.

La partie orientale du Balouchistan que traverse la route de Jacobabad à Quetta est une région montueuse, une succession de hauts plateaux et d'escarpements formés par les montagnes de Hala qui, partant du cap Muari (24°,50' latitude N. et 64°,25' longitude E.), se dirigent vers le N. presque parallèlement au cours de l'Indus, puis vont se rattacher par un enchevêtrement de hauteurs portant différents noms locaux aux chaînes du Soleïman et des monts Amram.

L'altitude des plaines de Kélat et du Katch-Gandava est de 1500 à 2,000 mètres. « Ici, comme dans la vallée du Caboul-Daria et sur toute l'étendue des monts Soleïman, celui qui monte des rives du Sindh sur ces plateaux éprouve une transition saisissante et rapide entre deux natures absolument différentes : en bas la nature brûlante des plaines de l'Inde; en haut le climat tempéré de la zone européenne, avec des hivers aussi rigoureux que ceux des contrées de la Baltique. A Kélat, au milieu de février, Pottinger trouva un froid si intense que l'eau répandue sur le sol y gelait immédiatement. Dans les vallées du Châl, entre Kélat et Candahar, la terre, au rapport de M. Masson, est couverte de neige pendant plusieurs mois; la neige ne fond même jamais ou ne disparaît que pendant un court intervalle sur plusieurs points de cette région alpestre [1]. »

Toute cette série de plateaux ondulés qui va de Kélat à la frontière de l'Afghanistan est généralement peu fertile, sauf dans le pays de Katch-Gandava, et manque d'eau. Les quelques rivières qu'on y voit représentées sur les cartes ne sont guère que des torrents im-

---

[1] M. Vivien de Saint-Martin, *Dictionnaire de géographie universelle*.

pétueux pendant la saison des pluies, mais presque complétement à sec pendant l'été. Tel est le caractère que présente notamment la rivière du Bolan, dont le lit forme la voie par laquelle passe la route de Jacobabad à Candahar[1].

Les populations que l'on rencontre dans cette partie du Balouchistan appartiennent presque entièrement aux familles ou tribus des *Rinds* et des *Moghsis;* ce sont des nomades qui s'occupent de l'élevage des troupeaux et quelquefois d'agriculture; on trouve cependant quelques clans sédentaires dans les vallées les plus fertiles du pays. Comme les Afghans, les Balouches trouvent une grande satisfaction à s'approprier le bien d'autrui, mais s'ils sont aussi pillards que leurs voisins, ils n'en ont ni l'énergie, ni le courage, ni la solidité.

C'est ce chemin que je viens de décrire, de Jacobabad à Quetta par le Bolan, que suivit en 1839 l'armée combinée du gouvernement des Indes et de la confédération des Sicks. Les troupes anglo-indiennes furent massacrées dans les défilés du Bolan ; elles y perdirent tous leurs convois, et une brigade entière de cavalerie y fut réduite à un effectif de 100 hommes.

Depuis cette époque la situation a bien changé, et aujourd'hui la sécurité des passes est assurée au gouvernement anglais; en 1877, en effet, à la suite des troubles qui régnaient dans le Balouchistan, l'Angleterre intervint entre le khan de Kélat et ses sujets révoltés ; le prince reconnut ses services en acceptant son protectorat, et depuis cette époque la ville de Quetta est occupée militairement par les Anglais.

De Jacobabad à Quetta une troupe anglaise n'aurait donc plus à lutter qu'avec des difficultés matérielles, considérables il est vrai, mais nullement insurmontables.

Les journaux anglais fournissent sur l'aspect général de cette route et notamment sur la partie la plus rude à parcourir, celle comprise entre Dadar et Quetta, des détails intéressants et qui pourront donner une idée des obstacles de toute nature que rencontre la marche d'une colonne dans un tel pays :

« Lorsque l'on quitte Dadar, l'aspect de la passe du Bolan est, pendant les 25 premiers kilomètres, plutôt désert et sauvage que grandiose. Le chemin est formé presque partout par le lit de la rivière qui est à sec pendant les deux tiers de l'année. De chaque côté s'élèvent des montagnes peu élevées, mais inaccessibles, couvertes de pierres roulantes et semblables à d'immenses monceaux de cailloux gigantesques.

---

1 Voir la carte n° 3.

« Le lit de la rivière lui-même est jonché de galets mouvants entre lesquels les chevaux enfoncent leurs pieds jusqu'au boulet; de nombreux squelettes de chameaux, de bœufs ou de chevaux témoignent de la fatigue et de l'épuisement que cause la circulation par ce chemin.

« De loin en loin croissent quelques bouquets d'ajoncs poussant dans les rares endroits où les flots de la saison des pluies n'ont pas enlevé toute trace de terre végétale. Quelquefois le chemin abandonne le lit de la rivière et grimpe le long de ses berges, mais cela arrive rarement, par suite de la rapidité extrême des pentes de la montagne. »

En approchant du sommet des passes le chemin se hérisse de rochers; ce sont des montées, des descentes, des obstacles à chaque pas; on ne voit bientôt plus aucune trace de végétation, l'eau fait complétement défaut, tout est aride, mort et désolé; enfin, suivant les saisons ou même l'heure, la chaleur ou le froid sont excessifs.

L'altitude des passes est d'environ 300 mètres à Dadar, de 500 mètres à Bibinani, et de 1,800 mètres vers Sir-i-Bolan.

Le correspondant du journal anglais le *Standard*, lui adressait, le 24 décembre dernier, les quelques lignes ci-après [1], relatives aux difficultés qu'eut à surmonter l'artillerie de la colonne expéditionnaire anglo-indienne pour traverser ces montagnes :

« Sur ma route, je dépassai l'un après l'autre des fourgons abandonnés, appartenant à la batterie de gros calibre; les bœufs qui les avaient traînés étaient étendus morts sur le flanc du défilé. En continuant, je rejoignis un canon de siége de 40, que deux éléphants et une centaine de soldats traînaient péniblement, s'arrêtant de dix en dix mètres. Plus loin, des soldats traînaient des fourgons dont tous les bœufs avaient péri. Cette batterie [2] a eu un temps affreux depuis le 13 décembre 1878, jour de son entrée dans le défilé, d'où elle n'est pas encore sortie au moment où j'écris. A la fin de la troisième journée de marche, tous les bœufs étaient absolument hors de service, et ceux qui n'ont pas péri ne serviront à rien pendant nombre de mois. Les cailloux tranchants avaient coupé leurs sabots et avaient littéralement enlevé leurs fanons. C'est pitié de les voir se traîner en vacillant le long de la route, presque incapables de se soutenir eux-mêmes, alors qu'ils sont harnachés pour traîner des fourgons. Deux éléphants sont morts en route.

« Le major Collingwood (commandant la 5e batterie de la 11e brigade) s'est décidé à retenir toutes les troupes qui passaient pour les

---

[1] Publiées par la *Revue militaire de l'étranger*, n° 437.
[2] 5e batterie de la 11e brigade.

employer à traîner les canons. Indépendamment de l'escorte de la batterie consistant en une compagnie, il a retenu cinq ou six autres compagnies. Ces soldats sont harassés de travail pendant toute la journée. Les vivres sont peu abondants, l'eau très-rare, et le travail dure depuis le réveil jusqu'à minuit. »

Le point culminant des défilés du Bolan est situé près du village de Sir-i-Bolan. A toutes les difficultés de la route viennent se joindre alors, pour une armée en marche, la privation d'eau, les puits du pays étant à peine suffisants pour les besoins de sa maigre population; en outre, le bois de chauffage fait complétement défaut, et il ne faut compter sur aucune ressource en vivres ou en fourrages.

A partir de Sir-i-Bolan, la descente se fait au milieu d'un véritable chaos de blocs énormes et par des sentiers couverts de pierres roulantes, que l'on trouve partout dans cette triste contrée. C'est un tel amoncellement de rochers inaccessibles, un tel dédale au milieu d'escarpements à pic, que le voyageur, une fois engagé dans ces passages, se demande à chaque instant par où il pourra sortir de ces gorges qui ont l'air de se fermer à chaque pas.

Ce n'est qu'après une quarantaine de kilomètres que l'aspect général du pays commence à se modifier et que le chemin devient réellement praticable. Il débouche alors dans la vallée de Quetta, qui offre de nombreuses ressources en eau, en fourrages et en vivres.

Quetta, aujourd'hui le poste avancé de l'Angleterre sur la frontière méridionale de l'Afghanistan, est une petite ville de 2,000 habitants environ, située sur la rive droite de la rivière de Châl, affluent du Schorawak-Lora.

Sa position astronomique est environ 30°,10′ latitude nord et 64°,30′ longitude est.

L'altitude de la vallée de Quetta est de 1,600 mètres; celle de la ville même d'environ 1,650 mètres. L'hiver y est froid, tandis qu'en été les journées y sont d'une chaleur excessive et les nuits d'une grande fraîcheur.

Quetta est entourée d'une enceinte en briques crues, percée de trois portes. Elle possède une sorte de petite citadelle, résidence du gouverneur indigène, qui est en même temps commandant de la ville et du district balouche de Chaoul, dont Quetta est le chef-lieu.

Les habitants du pays sont des Balouches, des Afghans et des Hindous. Ils font un trafic assez étendu des productions du sol, telles que le safran et l'assa-fœtida, mais s'enrichissent surtout en frappant de droits énormes les nombreuses caravanes qui traversent la contrée.

De Quetta, la route de Candahar se dirige, presque vers le nord, sur Ispungli, Kuchlach, petit village fortifié situé au pied des monts Tokatu, et Abb-ul-Rahim-Khan, distant de Quetta de 23 kilomètres. C'est là que passe la frontière qui sépare le Balouchistan de l'Afghanistan.

On rencontre ensuite Makam, bâtie au milieu d'un pays fertile et bien arrosé; Haïdarzaï, grand village fortifié qui s'élève au milieu de la vallée fertile et bien cultivée de la Lora.

La route tourne alors vers le nord-ouest, traverse la rivière Rouge ou Surck-Ab, et entre dans Haïkalzaï, petite ville protégée par une enceinte et située au milieu de la verte vallée du Pischin-Lora. Elle passe ensuite par Khedazaï, Tukani, riches villages habités par des agriculteurs, et arrive à Aramba.

Tous les cours d'eau que nous venons de rencontrer ne sont le plus souvent, en été, que de simples ruisseaux; mais, à la suite de la fonte des neiges ou pendant la saison des pluies, ils se transforment en de larges et profondes rivières qui opposeraient alors de sérieuses difficultés à leur passage.

La petite ville d'Aramba, située au bas des premières pentes des monts Amram, se trouve encore au milieu d'un pays fertile et cultivé. A 1,500 mètres environ, au sud, s'élève le fort Abdullah. D'Aramba partent deux routes qui se dirigent sur Candahar : l'une, celle du nord-ouest, traverse les monts Amram par la passe de Khodjak; l'autre, celle de l'ouest, franchit ces montagnes, hautes de 7,000 pieds, par le défilé de Ghwaja.

Les passes de Khodjak et de Ghwaja offrent certainement l'une et l'autre de grandes difficultés à franchir; mais les obstacles qu'elles présentent sont de beaucoup inférieurs à ceux qu'on rencontre dans la vallée du Caboul-Daria ou au Bolan. Leur grande altitude fait qu'elles sont encombrées par la glace et les neiges pendant de longs mois; dans la saison d'hiver, on peut dire qu'elles sont inaccessibles. Après la fonte des neiges, le chemin qui les traverse est facilement praticable pour l'infanterie et même pour la cavalerie ; le passage de l'artillerie seul ne peut s'opérer qu'au prix des plus grands efforts. Lorsque la colonne du général Stewart franchit ces défilés en 1878, une fois parvenu au sommet on fut obligé de faire descendre sur le versant opposé les pièces de gros calibre au moyen de cordes, de la façon dont les voyageurs glissent en bas d'un précipice dans les Alpes.

C'est par le Ghwaja que s'est effectué le passage de la division Stewart; la colonne commandée par le général Biddulph traversa le Khodjak.

De la passe de Khodjak une route va directement sur Candahar par Chaman, Gataï, Miku et Mundhissar. Traversant un pays montagneux et coupé par de nombreux torrents, elle ne paraît pas pouvoir être utilisée avantageusement pour la marche d'une armée.

Une autre voie, qui se dirige de la passe de Khodjak, vers l'ouest, sur Dand-i-Gollaï, où elle rencontre le chemin qui descend des défilés de Ghwaja, permet également d'atteindre Candahar. Plus longue que la précédente, elle offre des ressources un peu plus nombreuses et présente moins d'obstacles naturels.

Dand-i-Gollaï, situé près du torrent ou *nala* de Kadani, au milieu d'une plaine ondulée et aride, n'offre aucune espèce de ressources. De ce point, la route se dirige sur le fort Kalaï-Fatula, placé sur la rive droite d'un torrent qui descend de Gataï, et à l'entrée d'un défilé resserré entre de hautes montagnes à pentes escarpées ; elle franchit ce défilé, long de près de 18 kilomètres, arrive à Melamanda, située au milieu d'une petite vallée bien arrosée, rentre dans une région montagneuse, qu'elle traverse par une série de gorges étroites et d'une défense facile, traverse la petite rivière de Dori et atteint le grand village de Deh-i-Haji, bâti au milieu d'un pays bien cultivé et offrant des ressources abondantes.

De Deh-i-Haji la route se dirige sur Candahar, en coupant les riches vallées de l'Argasan et du Tarnack, où se trouvent de nombreux villages, tels que Khush-Ab, Zankar, Kurazi, Popalzaï, Nandu, etc.

De Candahar à Quetta, la distance peut être évaluée à 250 kilomètres. En 1839, une colonne expéditionnaire anglaise, sous les ordres du général Keane, la parcourut en dix-neuf jours. En 1878, la colonne du général Biddulph, partie de Quetta le 21 novembre, se trouvait le 15 décembre à Chaman, au delà de la passe de Khodjak, ayant franchi par conséquent en vingt-cinq jours près de 100 kilomètres, et cela dans la plus mauvaise saison. La division Stewart, qui ne se mit en route de Quetta sur Candahar que dans la seconde quinzaine de décembre, fournit une marche analogue. Le 6 janvier, les deux généraux anglais concentraient leurs troupes autour de Takti-Pul, au sud de Deh-i-Haji, et, le 16 du même mois, les troupes anglaises faisaient leur entrée à Candahar.

Candahar, capitale de la province du même nom, est située entre le Tarnak et l'Argand-Ab, au milieu d'un pays très-fertile et très-pittoresque. C'est une des villes les plus renommées, les plus industrieuses et les plus commerçantes de l'Asie.

Candahar compte plus de 50,000 habitants. Sa position astronomique est 31°,37′ de latitude nord et 68°,8′ longitude est ; son altitude est de 1,058 mètres.

La ville a la forme d'un parallélogramme ; quatre grands bazars sont placés au centre, au point de jonction des quatre principales rues. Les maisons sont bâties en briques rouges; leurs toits en terrasse sont surmontés d'une sorte de dôme.

L'aspect général de la cité n'a rien d'imposant; c'est plutôt une réunion de plusieurs grands villages qu'une ville proprement dite. Elle n'a pas de rues praticables pour les voitures et ne renferme aucun monument remarquable, sauf le tombeau d'Ahmed-Schah.

Candahar est entourée d'un épais rempart en terre de 25 pieds de haut, en bon état de conservation, avec un fossé. C'est une place forte assez solide par elle-même, mais elle peut être facilement privée d'eau, et, en outre, elle est dominée à petite distance par un cercle de hauteurs qui ne lui permettraient pas de tenir longtemps sous le feu de l'ennemi.

Sa position sur la grande route commerciale et militaire de la Perse vers l'Inde lui a donné de tout temps une importance considérable. Ruinée et détruite à plusieurs reprises par des invasions étrangères, elle s'est toujours relevée sur le même emplacement ou sur un emplacement très-voisin de l'ancien.

Les historiens font remonter l'origine de cette cité jusqu'à Alexandre le Grand, qui l'aurait fondée l'an 330 avant l'ère chrétienne, et les Afghans eux-mêmes tiennent cette tradition en grand honneur.

Selon M. Vivien de Saint-Martin, c'est du nom « d'Alexandria ou Alexandropolis, qu'elle dut à son fondateur, que s'est formé par la prononciation orientale (Iskander, Secander) le nom de Candahar. » On pourrait aussi le faire dériver de Kand, qui veut dire forteresse, Candahar étant la place la plus importante située sur la frontière persane, pendant la durée de l'empire mongol.

La ville de Candahar a déjà été occupée par les forces britanniques de 1839 à 1842. En 1878 les troupes anglaises s'y sont installées facilement et y ont été accueillies par les habitants avec une sorte d'indifférence. Les correspondants anglais nous disent, en effet, que, lors de l'entrée du général Stewart à la tête de sa division, la population s'était amassée sur son passage pour voir défiler les vainqueurs; les femmes les regardaient du haut des balcons; les boutiques étaient fermées, mais les seuls sentiments que l'on pouvait lire sur la physionomie des habitants étaient la curiosité et l'étonnement plutôt que la colère ou le chagrin.

Candahar est une magnifique position stratégique qui commande l'entrée de toutes les routes pénétrant dans le Pendjab et le Sindh par leur frontière occidentale, et qui permettrait, le cas échéant, de prévenir un ennemi qui voudrait s'établir à Hérat, cette « clef de l'Inde. »

Maîtresse de Candahar et ses communications bien assurées avec Quetta, une armée d'invasion pourra, si elle dispose de ressouces numériques quelque peu considérables, se porter rapidement vers le nord-est sur Caboul par la route de Ghazni, et en même temps empêcher les forces concentrées à Hérat de marcher au secours de la capitale en faisant une démonstration sur Girisck. En marchant de Candahar sur Caboul, elle donnerait successivement la main aux colonnes venant perpendiculairement par les vallées du Gomul, du Kurum ou même du Caboul-Daria, s'assurerait ainsi de la domination de tout l'Afghanistan méridional et préparerait la chute de sa capitale.

Aussi la prise de possession de Candahar et la nécessité de son maintien sous le drapeau britannique ont-elles été, ces temps derniers, l'objet d'un grand nombre d'articles de la part des journaux anglais.

« Sans Candahar, dit la *Post*, nous permettons aux Russes venant de Merw d'avoir le pas sur nous pour entrer à Hérat. Nous laissons grand ouverts les défilés qui conduisent dans l'Inde, du Khyber jusqu'au Bolan. Nous revenons à la misérable besogne de tenir en échec et de surveiller des tribus montagnardes hostiles, en nous appuyant sur une base aussi instable et aussi peu digne de confiance que ces tribus elles-mêmes ; et nous abandonnons maladroitement, ce qui est bien certainement une considération d'une certaine valeur, une population indigène qui est très disposée à nous bien accueillir et même à nous accorder une véritable reconnaissance de la protection que nous lui donnons. »

3° ROUTE DU CENTRE.

DE CANDAHAR A CABOUL PAR GHAZNI.

La route de Candahar à Caboul par Ghazni est peut-être de toutes les routes de l'Afghanistan celle qui présente le moins d'obstacles et qui offre le plus de ressources sur son parcours.

Remontant pendant près de 300 kilomètres la fertile vallée du Tarnak, elle rencontre de nombreuses localités, parmi lesquelles je citerai les villages de Kolaï-Azim, Kheli-Akhund, Schahri-Safa, Turandaz, Djaldack, la petite ville de Kalaï-Ghilzaï, Naurak, Pandjak et Karïai-Oba. Au bas de cette vallée, en face de Candahar, la cote est de 1,100 mètres ; à Pandjak, elle est de 2,080 mètres.

Au nord-est de Karïai-Oba, le chemin traverse une série de hauteurs qui séparent la vallée supérieure du Tarnak du bassin de l'Ab-Istada ; il passe à Jamrood, Arganstan, Nani, village situé à

2,260 mètres d'altitude, au point de jonction de la route du Gomul, et arrive à Ghazni.

Ghazni, située à environ 360 kilomètres de Candahar et à 150 kilomètres de Caboul, est une place très importante par sa situation, par ses défenses et par le renom dont elle jouit chez les Afghans. C'est la citadelle la plus forte de tout l'Afghanistan; elle protége Caboul contre les attaques d'un ennemi venant de la vallée du Gomul ou de celle de Tarnak, et est maîtresse de toutes les communications entre le nord et le sud du pays.

La position astronomique de Ghazni est 66° longitude est, 33°,30' environ latitude nord; son altitude, qui est de 2,350 mètres (à peu près la même que celle de l'hospice du mont Saint-Bernard), en fait une des villes les plus froides de l'Asie centrale.

Ghazni était, il y a deux siècles, la capitale du vaste empire fondé par Mahmoud, et, pendant une centaine d'années, elle fut une des cités les plus grandes et les plus riches de l'Orient. Bien que déchue aujourd'hui de sa splendeur passée, elle n'en est pas moins restée pour les peuples mahométans une ville sainte, et plusieurs de ses édifices sont toujours l'objet de la profonde vénération des croyants. La tombe du sultan Mahmoud y existe encore, et avant 1839 on y voyait les portes de bois de sandal que ce conquérant avait enlevées au temple hindou de Somnauth, dans le Gudjerate, comme trophée de sa dernière guerre dans l'Hindoustan.

Lorsque le général Nott se retira de Caboul par Ghazni, il enleva, sur l'ordre de lord Ellenborough la massue suspendue à la tombe de Mahmoud et les portes du Somnauth, et cette action, considérée comme un sacrilége, ne put qu'attirer sur lui la haine et la vengeance des habitants du pays.

La citadelle de Ghazni, réputée imprenable, ne tomba au pouvoir des Anglais en 1839 qu'après un siége en règle, long et pénible. A cette époque la ville renfermait encore un grand nombre de palais et de riches habitations; une brigade de cavalerie toute entière pouvait y trouver ses cantonnements. Assiégée une seconde fois en 1842, Ghazni ne fut enlevée par l'ennemi qu'après une vigoureuse défense; elle paya cher alors les souffrances qu'avaient endurées dans ses casemates les malheureux prisonniers que les Afghans avaient faits au 37e régiment d'infanterie de l'armée des Indes. Toute la garnison fut passée par les armes et l'armée anglaise n'abandonna Ghazni qu'après l'avoir transformée en un monceau de ruines.

La malheureuse cité n'était cependant pas morte encore, et de nouvelles constructions s'élevèrent bientôt sur les débris de la vieille Ghazni; Dost-Mohamed répara la citadelle et releva les remparts et leurs ouvrages avancés. Shere-Ali compléta ces travaux de défense avec l'aide d'officiers européens, et l'on peut admettre que dans son état actuel cette ville est une place très-respectable.

En sortant de Gahzni la route de Caboul traverse la passe de Schridana, qui est obstruée par les neiges pendant plusieurs mois de l'année et descend dans la vallée du Logar et du Caboul-Daria. Dans un précédent paragraphe, nous avons assez examiné les deux routes qui conduisent de Ghazni à Caboul pour qu'il n'y ait pas lieu de revenir sur ce sujet.

4° ROUTES DE L'OUEST ET DU NORD-OUEST.

A. — ROUTE DE CANDAHAR A HÉRAT.

En sortant de Candahar, la route de Hérat se dirige vers l'ouest-sud-ouest; elle rencontre alors Koharan, localité située sur l'Argand-Ab, se relève vers l'ouest-nord-ouest, traverse Hauz-i-Madad, Kusch-i-Nakhud, petit village fortifié bâti sur les bords du Khakrez, et atteint la ville de Girischk, en face de laquelle se trouve le point de passage obligé de la rivière Helmand, qui n'est guéable nulle part ailleurs.

De Candahar à Girischk on compte environ 130 kilomètres. La route, qui offre des ressources en eau, en vivres et en fourrages sur la plus grande partie de son parcours, est rendue pénible par suite du grand nombre de rivières ou de torrents profondément encaissés qui la coupent.

De Girischk deux voies s'offrent au voyageur pour parvenir à Hérat : l'une passe par Zirek, Nalakh, Tschakab, Daulatabad, Asiabab et Jambaran, traverse un pays montagneux et pauvre, et aboutit à la passe de Khwaja-Uria; l'autre, se dirigeant plus à l'O., au milieu d'une contrée relativement fertile, rencontre Schorab, Langara, Bakwa et le fort Kilaï-Faizulla, la ville de Farah, bâtie sur la rivière du même nom, Dukim, Khus et Jaja sur la rivière Harut, Sebzawar, et rejoint la première route à l'entrée de la passe de Khwaja-Uria.

La petite ville de Farah, Ferrah ou Furrah, située comme nous venons de le voir sur la deuxième route de Candahar à Hérat, est entourée d'une enceinte en briques très-solide. Elle barre le chemin qui conduit de la Perse méridionale dans l'Afghanistan. De Farah part en effet une voie qui se dirige sur la ville de Lash et qui est très-suivie par les caravanes allant de Mesched à Nasirabad, en traversant une pointe du territoire afghan.

La distance de Girischk au défilé de Khwaja-Uria est d'environ 350 kilomètres par le premier chemin que j'ai cité, et de 425 par l'autre.

En sortant de ce passage la route de Hérat traverse la rivière Adraskan, et rentre bientôt dans une région montagneuse qu'elle franchit par la passe de Sengikissia dont l'altitude est de 1620 mètres ; elle arrive ensuite à Hérat par Mir-Daud et Ruzebagh.

Toutes les routes qui aboutissent à Hérat sont parfaitement entretenues dans un rayon de plusieurs milles autour de cette ville. Du côté du S., un pont en briques, long de 1,200 pieds, permet de franchir en tout temps l'Hari-Rud et les nombreux canaux d'irrigation qui arrosent la vallée.

Hérat est la ville la plus importante de l'Afghanistan occidental. Elle comptait avant les dernières guerres environ 100,000 habitants. Sa population paraît être réduite aujourd'hui à 20,000 ou 30,000 âmes.

Hérat est entouré d'une enceinte carrée en briques, protégée par un fossé, et sur deux des faces par des glacis. Six portes défendues par des tours donnent entrée dans la place.

Au S.-E. de la ville se trouve la citadelle appelée Tchagar-Bag située sur une petite colline.

Hérat renferme un grand nombre de bazars, de mosquées, de caravansérails. Elle possède de nombreuses fabriques d'étoffes de coton et de soie, et fait un grand commerce de coutellerie dite de Damas. C'est le marché central des produits de l'Inde, de la Chine, de la Tartarie et de la Perse.

La ville est bien pourvue d'eau ; néanmoins elle est sale, comme presque toutes les cités d'Orient. Ses constructions sont en briques ; quelques-unes ont une belle apparence ; parmi les principaux monuments qui s'y trouvent on cite la mosquée Musjid-Janca, bâtie par Nadir-Schah et qui renfermait autrefois d'immenses richesses.

Tout le pays qui entoure Hérat est d'une merveilleuse fertilité et fort bien cultivé. Les roses y sont en telle abondance que Hérat est souvent appelée Surgultzar, la cité des belles roses. Dans ses environs se trouvent de riches pâturages où l'on fait un grand élevage de chevaux qui sont très-estimés.

La position astronomique de Hérat est 36°,56′ latitude N., 65°,30 longitude E (Paris) ; son altitude est de 800 mètres.

Cette ville existait dès la plus haute antiquité, c'est l'Aria des Grecs ; l'importance de sa situation et sa richesse en firent un objet de convoitise pour tous les conquérants qui se sont disputé la suprématie en Asie. Résidence des Gourides de 1150 à 1200, prise par Gengis-Khan, puis par Tamerlan, qui y établit le siége de son empire, elle fut réunie ensuite à la Perse; conquise par les Afghans en 1715, reprise par les Perses en 1731 et par les Afghans en 1749, elle forma, à partir de cette époque, un état semi-indépendant nommé le royaume d'Hérat.

En 1833 la Perse essaya de nouveau de s'annexer ce territoire; mais, ainsi que je l'ai dit au commencement de cette étude, elle dut renoncer à ses prétentions sur ce pays à la suite du traité signé à Paris en 1857 et intervenu entre le schah de Perse et la reine d'Angleterre. Depuis lors, Hérat est resté attachée à l'Afghanistan.

Un récent article publié par le colonel Wachs dans le *Militärisches Wochenblatt*, tend à démontrer que rien ne sera fait dans l'Asie centrale tant qu'Hérat n'aura pas été pris, et qu'en revanche celui qui aura conquis Hérat sera maître et de l'Afghanistan et des approches de l'Inde. « Quand les portes d'Hérat sont fermées, dit l'écrivain militaire allemand, le commerce s'en ressent sur l'Indus aussi bien qu'à Boukhara et à Téhéran. La Russie a beau régner à Taschkend et dominer à Khiva, elle ne saurait poursuivre ses progrès sur l'Oxus sans s'être assurée auparavant de la possession d'Hérat. Mais, d'autre part, si Hérat tombe entre ses mains, il n'y aura pas un bazar de l'Hindoustan où la prépondérance de la Russie ne soit proclamée, en même temps que l'abaissement de la puissance anglaise.

« Si Hérat est la clef de l'Inde, Merw est la clef d'Hérat. L'oasis de Merw, située à 220,000 milles au N. d'Hérat et à 140,000 milles du cours de l'Oxus, ouvre une route assez facile sur Hérat, et de là sur Candahar. Ces deux dernières villes forment avec Caboul une sorte de triangle stratégique, faute duquel on ne peut se flatter de tenir l'Afghanistan. »

L'écrivain du *Militärische Wochenblatt* rappelle ensuite que « parmi les ressources de la Russie, parmi les voies qui lui permettent de pénétrer au cœur de l'Asie centrale, il faut compter la Caspienne, cet immense lac intérieur exclusivement sillonné par le pavillon russe. A l'extrémité S.-E. de cette mer, se trouve un point de débarquement, Achour-Ada, qui forme comme la tête de ligne de plusieurs routes ouvertes sur Hérat par la vallée de l'Atreck. La distance des deux villes est à peu près de 450 milles.

« Quelle force n'aurait pas une double expédition conduite à la fois de la Caspienne et de l'Amou-Daria vers la citadelle occidentale de l'Afghanistan? Et qu'aurait-elle à craindre? Ce ne serait certes pas la débile armée persane, tenue en respect par le moindre corps d'observation, ou mieux, neutralisée d'avance par le cabinet de Saint-Pétersbourg. Ce ne seraient pas davantage les tribus nomades qui campent le long des cours d'eau dans le steppe immense

compris entre la Caspienne, l'Atreck et l'Oxus. Incapables d'op-
poser une résistance sérieuse à des troupes européennes, ces peuplades belliqueuses, type de cavalerie irrégulière, n'attendent au
contraire que le contact d'une armée véritable et l'entraînement
d'un bon commandement pour devenir le plus utile des auxiliaires
entre les mains de ceux qui sauront s'attacher ces espèces de cen-
taures, et les Russes, dans ces pratiques, sont, on le sait, passés
maîtres[1]. »

B. — ROUTES DE HÉRAT EN PERSE ET DANS LE TURKESTAN.

Trois grandes voies de communication se dirigent de Hérat vers
le nord-ouest, le nord et le nord-est.

Ce sont :

La route de Hérat à Mesched (Perse) ;

La route de Hérat à Merw (Turkestan) ;

La route de Hérat à Samarkand et Taschkend, avec embranchement sur Balk et Caboul.

La route de Hérat à Mesched est une des voies commerciales les
plus fréquentées de l'Asie. Elle met toute la partie septentrionale
de la Perse en communication avec la Boukharie, en passant par
Hérat et la route de Samarkand ; avec l'Inde, en traversant Hérat,
Candahar, Quetta ou le Gomul ; avec le pays de Kashmir en passant par Hérat, Candahar et Caboul.

En sortant de Hérat, la route de Mesched se dirige vers l'ouest
le long de la vallée de l'Hari-Roud jusqu'à la frontière persane,
qu'elle traverse entre Kusan et Kafir-Kala. A partir de ce point
elle marche vers le nord-ouest.

La route de Hérat à Merw, prolongée à travers les déserts du
Turkestan jusqu'à Khiva, relie toute cette partie de l'Asie avec
l'Afghanistan et l'Inde.

Cette route va en ligne droite de Hérat vers le nord, traverse Par-
wan, franchit les montagnes de Kaïtou par les passes de Hazreti-
Baba et de Robat, et descend dans la vallée de la rivière Kuschk
qu'elle atteint en amont du fort Karatapa, et dont elle suit la rive
gauche jusqu'à sa jonction avec le Murg-Ab. Le chemin côtoie
alors ce cours d'eau jusqu'à Merw en passant par Robat-Abdula-
Khan, où il rencontre la frontière du Turkestan.

La route de Hérat à Samarkand et Taschkend s'embranche sur la

---

[1] Article rapporté par le journal *le Temps* dans son numéro du 6 décembre 1878.

voie précédente près de Kushk, traverse Chingurak-Mingal et arrive
à Bala-Murgh-Ab, petite ville située sur le cours du Murgh-Ab. On
peut parvenir au même point en prenant à Hérat une autre route qui,
se dirigeant vers l'est, traverse Kala-Nau, Magor, et descend dans
la vallée du Murgh-Ab après avoir traversé la passe de Derband.

De Bala-Murgh-Ab, la route se dirige vers l'est le long d'un
affluent de cette rivière, traverse Kala-Wali, Charshambad, Kala-
Bidal, Kaisar et Almar, et arrive à Maimana qui est la principale
place forte du côté de la frontière afghane.

« Située parmi des hauteurs, la ville de Maimana ne s'aperçoit
qu'à la distance d'un quart de lieue, elle est mal bâtie, mal tenue.
Ses 1,500 maisons ne sont que des huttes d'argile, et son bazar
construit en briques semble menacer ruine.

« La ville est entourée de remparts en terre qui ont douze pieds
environ d'élévation sur cinq de largeur ; les fossés sont peu pro-
fonds [1]. »

La citadelle de Maimana se dresse sur un monticule escarpé et
est assez forte par elle-même, mais dans le voisinage se trouvent
des sommets accessibles du haut desquels une batterie ne mettrait
pas longtemps à faire taire son feu.

Maimana a supporté bravement plusieurs siéges, mais il semble
que la force de cette place a consisté toujours dans le courage de
ses défenseurs plutôt que dans l'importance des travaux qui la
protégent.

De Maimana, la route se dirige vers l'ouest, passe à Kafir-Kala,
petite place forte, et descend dans la vallée du Sangalak, ou Andkoi. En arrivant dans la plaine, elle se bifurque ; une route va vers
le nord sur Samarkand et Taschkend par Andkoi, petite ville qui
était autrefois florissante et faisait avec la Perse un grand trafic de
ces belles toisons d'agneaux noirs qu'on appelle astrakans.

« Aujourd'hui, Andkoi renferme environ 2,000 maisons qui constituent la ville proprement dite, et 8,000 tentes ou à peu près, les
unes dans ses environs immédiats, les autres dispersées parmi les
oasis du désert. On évalue à 15,000 le nombre de ses habitants [2]. »

Un poëte persan dit : « L'eau d'Andkoi est saumâtre, ses sables
« sont brûlants, ses mouches venimeuses ; il y a même des scor-
« pions. Gardez-vous de vanter un tel pays, qui représente fidèle-
« ment les tortures de l'enfer. »

La route de Samarkand traverse la frontière à 30 milles au nord
d'Andkoi ; elle atteint l'Amou-Daria à Karki.

---

[1] Arminius VAMBERY, *Voyage dans l'Asie centrale.*
[2] *Idem.*

5° ROUTES DU NORD ET DU NORD-EST.

A. — ROUTE DU MURGH-AB A CABOUL PAR BALKH.

La section de la route de Hérat se dirigeant sur Balkh passe avant d'arriver à cette ville par Shibargan, cité importante; Airagli et Shekhabad.

Cette route, depuis Maimana jusqu'à Balkh, est bien entretenue et praticable même pour la grosse artillerie.

Balkh, chef-lieu d'un khanat du même nom, est considérée par les Orientaux comme la plus vieille ville du monde. C'est pour eux une ville Sainte, « la mère des cités. »

Les historiens y retrouvent l'antique Bactra, la rivale de Ninive et de Babylone, capitale de la Bactriane, qui fut une des contrées les plus célèbres de l'Asie.

« Balkh est située dans une large plaine à une cinquantaine de kilomètres au sud de l'Amou-Daria, sur la route directe de Caboul à Bokhara, à 500 kilomètres environ de chacune de ces deux villes.

« Son territoire est arrosé par la rivière de Dehaz, appelée généralement rivière de Balkh, qui sort du Koh-i-Baba, et se dirige vers l'Oxus, mais qui se perd avant d'arriver au fleuve [1]. »

Les débris de l'ancienne Balkh couvraient jadis un espace de cinq lieues, et maintenant quelques monticules indiquent seuls leur emplacement. La ville moderne, bâtie au milieu des ruines de l'ancienne, ne renferme plus guère que 2,500 à 3,000 habitants. Elle est entourée d'un mur en terre et protégée par une citadelle d'apparence peu redoutable.

La position astronomique de Balkh est 65° long. E. (Paris), et 36° 45' lat. N.

Son climat, bien que très-insalubre, n'est pas désagréable. D'après Burnes, le thermomètre ne s'éleva, pendant le séjour qu'il y fit au mois de juin, au delà de 80° (21° 31'), et c'est peut-être le mois le plus chaud de l'année.

L'insalubrité du pays est attribuée à l'eau, qui est tellement mêlée de terre et d'argile, qu'elle ressemble à celle d'un bourbier. Cette eau est distribuée par de nombreux aqueducs en très-mauvais état qui débordent fréquemment et produisent ainsi des miasmes pernicieux.

Cette contrée est habitée en partie par des Tradjiks, d'origine

---

[1] Vivien de Saint-Martin, *Dictionnaire géographique.*

iranienne, et par des Ouzbeks. Les premiers sont agriculteurs, les seconds pasteurs et nomades.

Le chef du khanat de Balkh reconnaissait autrefois l'autorité du khan de Boukhara, et ce n'est que depuis peu d'années qu'il est sous la souveraineté de l'émir de Caboul.

Cette contrée produit en abondance toutes sortes de grains, du riz, du tabac, du coton, etc., et est couverte de belles forêts dans sa partie orientale.

Les chevaux de Balkh sont très-estimés pour leur force ; le dromadaire est indigène de ce pays.

A Balkh, avons-nous dit, passe la route allant de Bokhara à Caboul. Il en existe également une allant de Balkh à Khiva, le long de la vallée de l'Amou-Daria.

La section de la route de Balkh à Caboul est fort bien entretenue et carrossable jusqu'à la ville de Khulm, qu'elle atteint en passant par Mezar, Aghajan et Afzalabad ; mais le pays qu'elle traverse est fort aride.

Khulm est une place importante par sa situation à l'entrée de la route qui pénètre dans les montagnes pour rejoindre Caboul, et c'est le point de jonction de plusieurs voies allant à l'ouest vers Balkh, au nord vers la Boukharie, et à l'est vers Kunduz et toute la vallée supérieure de l'Amou-Daria.

Elle est située sur la rivière de Khulm, qui se perd dans les sables avant de se jeter dans l'Oxus. Le pays qui l'entoure est fertile et la ville elle-même est bien entretenue et semble riche et prospère.

De Khulm, la route conduisant à Caboul devient un rude chemin de montagnes, que l'artillerie peut cependant parcourir. Cette route remonte d'abord toute la vallée de la rivière de Khulm, passant au milieu d'une contrée très-peuplée et traversant une foule de villages, parmi lesquels nous citerons : Mang-Said, Asia-Badi, Haiback, Zindan, Sar-Bagh, Rui et Doab. Elle entre alors dans le massif du Kohi-Baba, traverse le défilé appelé Kara-Kotal, situé à plus de 3,000 mètres de hauteur, descend dans la vallée de l'Akseraï, passe à Badjak et Kamar, franchit les gorges de Dendanschitan, dont l'altitude est de 2,700 mètres, et arrive enfin à Bamian, dans la vallée supérieure du Surk-Ab, affluent de l'Akseraï.

Bamian était autrefois une ville considérable, capitale d'un petit royaume ; aujourd'hui elle compte quelques milliers d'habitants seulement. Elle est située à environ 80 kilomètres ouest de Caboul ; sa position astronomique est 34°,50′ latitude nord et 65°,28′ longitude est (Paris) ; son altitude a été évaluée par le docteur Griffith à 2,590 mètres.

La vallée de Bamian, entourée de tous côtés par de hautes montagnes, encombrée de rochers, coupée par d'énormes précipices, est, paraît-il, l'une des plus sauvages de l'Afghanistan ; elle offre cependant un grand intérêt archéologique.

On y remarque, en effet, un nombre prodigieux d'excavations pratiquées le long des flancs des montagnes sur une étendue de deux ou trois lieues, et qui forment la demeure d'une partie de la population. « Une colline isolée au milieu de la vallée en est complétement percée comme le rayon d'une ruche, dit Burnes, et rappelle à notre souvenir les troglodytes des historiens d'Alexandre. »

Cette ville de troglodytes, que le voyageur Hamilton appelle la *Thèbes de l'Orient*, renferme des antiquités précieuses ; ce sont, entre autres choses, deux statues colossales taillées en haut relief sur la roche elle-même et représentant un homme et une femme, qu'on suppose dater du commencement de l'ère chrétienne. L'homme a au moins 120 pieds de haut ; il occupe une surface de 70 pieds, et la niche dans laquelle il a été creusé a à peu près la même profondeur. L'idole est mutilée, les deux jambes ayant été fracassées par le canon, et le visage est détruit au-dessus de la bouche. Cette statue n'offre ni élégance ni symétrie ; celle de la femme est mieux faite que celle de l'homme, mais ses dimensions sont de moitié moindres. On voit des excavations de toutes parts autour des idoles, et la moitié d'un régiment pourrait se loger dans celle qui est au-dessous de la plus grande. L'origine de ces statues gigantesques est encore inconnue.

En quittant Bamian, la route de Caboul traverse une série de gorges et de défilés dont les principaux sont ceux de Kalu, de Gulgatoi, les passes d'Hadchihaks, situées à plus de 3,500 mètres au-dessus du niveau de la mer, et celles d'Ungi et d'Ispéchak.

Les principales localités que l'on rencontre sont : Jakal, Sari-Chashma, Jabrez et Argandi. On se trouve alors dans la partie supérieure de la vallée de Caboul, et le chemin jusqu'à cette dernière ville ne présente aucune espèce de difficulté.

B. — ROUTES DU NORD-EST ET COMMUNICATIONS AVEC LE TURKESTAN ORIENTAL ET LA CHINE.

Nous avons dit que de Khulm partait une route qui se dirigeait à l'est vers la haute vallée de l'Amou-Daria.

Cette route, sur laquelle nous n'avons que des données très sommaires et qui n'est, du reste, que d'un intérêt secondaire pour la question qui nous occupe dans cette étude, relie Khulm aux villes de Kunduz, Khanabad, Khishmi, Faizabad ; puis, remontant la vallée de l'Ab-i-Vardoj, elle se dirige sur Chitral, et de là sur Mastuji.

D'autres routes mettent également Caboul en communication avec le haut Afghanistan; je citerai celle qui se dirige sur Kunduz par le défilé de Khawak. Ce chemin traverse les villes de Istalif, Charikar, Guibahar, franchit l'Hindou-Koh par la gorge de Khawak, élevée de 4,000 mètres au-dessus du niveau de la mer, descend dans le bassin de l'Amou-Daria en passant par Indérabad, Narin, le fort Afzalkhan, et arrive à Kunduz.

Istalif, chef-lieu du Kohistan, est située à 45 kilomètres au nord de Caboul, sur un affluent du Caboul-Daria, dans une vallée si fertile, si tempérée et si belle qu'on l'appelle le « Jardin de l'Afghanistan oriental. » Autrefois c'était, comme Ghazni, une citadelle réputée imprenable; mais, prise et détruite par les Anglais en 1842, elle n'est plus aujourd'hui qu'une petite ville sans importance.

Kunduz est bâtie sur la rive droite de l'Akseraï, à une quarantaine de kilomètres de l'Amou-Daria. Le climat, d'après Burnes, en est très-insalubre. Un proverbe oriental dit : Si tu as envie de mourir, va à Kunduz. « La plus grande partie de la vallée est si marécageuse que les chaussées sont posées sur des piles de bois et traversent les roseaux. On dit que la chaleur y est intolérable; néanmoins la neige y couvre la terre pendant trois mois. Jadis Kunduz fut une ville considérable, mais sa population actuelle est au plus de 1,500 âmes; quiconque peut aller vivre ailleurs n'y demeure pas, quoique ce soit le centre d'approvisionnement de la contrée. Le gouverneur n'y réside qu'en hiver. Il y a un château qui est entouré d'un fossé et la place est assez forte; les murailles sont en briques séchées au soleil; l'excès de la chaleur les fait tomber en poussière et on est obligé de les réparer continuellement. Les montagnes de l'Hindou-Koh, couvertes de neige, sont au sud et en vue de Kunduz; les monts les plus rapprochés sont des faîtes bas, tapissés d'herbes et de fleurs, mais dépourvus d'arbres et même de broussailles. En remontant un peu dans la vallée, le climat devient plus salubre, et les habitants parlent avec ravissement des bocages, des ruisseaux, des fruits et des fleurs du Badakhschan [1]. »

De Kunduz une route se dirige vers le nord sur Samarkand et Taschkend, en passant par Sayad et Hissar.

Tout à fait au nord de la vallée du Kunar se trouve la passe de Baroghil qui met en communication le bassin du haut Oxus avec ceux du Caboul-Daria et de l'Indus supérieur.

---

[1] Burnes, *Voyage en Boukharie*, traduction de M. Eyriès.

Un chemin qui remonte la vallée du Kunar, de Djellalabad à Tchitral et Mastuji, un autre chemin partant de Gilgit dans la vallée de l'Indus (72° longitude est, 35°,50′ latitude nord) et aboutissant au même point par le défilé de Karambar, permettent, en effet, d'atteindre la passe de Baroghil et de se diriger ensuite sur Khokand et les villes de la frontière de Chine, en traversant le plateau de Pamir.

Cette haute région paraît impraticable pour une armée, mais on peut tourner le plateau de Pamir et se rendre plus facilement de Khokand dans l'Inde, soit par Hissar, Faizabad et la passe de Nuksan qui débouche dans la vallée supérieure du Kunar entre Tchitral et Mastuji, soit en suivant le cours de l'Ab-i-Penjab depuis les environs de Kulab jusqu'au défilé de Baroghil.

Tel est l'ensemble général des voies de communication de l'Afghanistan.

VI.

ORGANISATION INTÉRIEURE.

1° ORGANISATION SOCIALE ET POLITIQUE.

L'organisation sociale et politique de l'Afghanistan est une sorte de « féodalisme » compliqué d'éléments fédératifs.

En dehors des possessions immédiates de l'émir de Caboul, les pays afghans ne sont, en effet, qu'une réunion de petits états, principautés ou khanats, tribus ou clans, ayant chacun leur gouvernement spécial, despotique ou constitutionnel, républicain ou patriarcal, leur territoire bien défini, et ne se rattachant presque tous au pouvoir central que par la soumission de leur chef. Le plus souvent, ces petits états sont complétement indépendants les uns des autres; quelquefois, cependant, ils se réunissent pour former des alliances ou des fraternités de tribus, fédérations éphémères, qui, nées des besoins du moment, disparaissent avec les causes qui les ont produites ou se transforment suivant la marche des événements : telles sont la ligue des Outmans, celle des Mohmunds, etc.

Le chef suprême des Afghans, le khan de Caboul, portait, il y a peu d'années encore, le titre de schah, comme les souverains de la Perse; dans les actes publics et les traités diplomatiques, il était même qualifié, au commencement de ce siècle, de schah-dour-i-douran [1], souverain du monde des mondes. Aujourd'hui, il est revêtu de la dignité d'émir, émir-el-moumeneim, commandeur des croyants.

---

1. Textuellement, *souverain du rond des ronds.*

Musulman et musulman sunnite, à la tête d'une population en grande partie sunnite, Schere-Ali trouva dans cette dignité, qui est la plus haute de toutes celles que peut conférer le sultan, une consécration imposante de son autorité. Lorsqu'il la sollicita, c'était à l'époque où l'idée d'une alliance pan-islamite, sous l'hégémonie des khalifes, était fort en honneur à Constantinople; le sultan venait d'accorder le titre d'émir à Yacoub-Bey, cet aventurier qui fonda, il y a une quinzaine d'années, le royaume de Kachgar, et, comme lui, Schere-Ali obtint sans grand'peine cette haute faveur, objet de son ambition.

Ce titre d'émir, si vénéré par tout vrai musulman, place bien, en théorie, celui qui en est revêtu sous l'autorité du sultan; mais nous avons vu, il y a quelques mois à peine, de quelle manière Schere-Ali sut tourner la difficulté de cette situation, et comment, en demandant les avis de son suzerain, il lui donnait des conseils; possesseur du titre et de la considération qui s'y rattache, il ne paraît pas s'être cru lié à autre chose envers son seigneur qu'à une démarche de pure courtoisie, et s'est toujours réservé une entière liberté d'action.

L'émir est le protecteur de toute la confédération afghane; il commande en chef les armées, lui seul peut déclarer la guerre, faire la paix, conclure les traités, etc. En ce qui concerne ses possessions immédiates, il est revêtu de l'autorité d'un monarque absolu; pour ce qui est de tous les états annexes, khanats ou tribus, il les dirige sans s'immiscer dans leur gouvernement intérieur.

Un premier ministre, qui porte le titre de vizir-azem ou grand vizir, a la haute main sur toutes les affaires du pays, relations extérieures, administration intérieure, finances, etc. Parmi les autres fonctionnaires de l'état, je citerai le mir-ackhar, ou maître de la cavalerie; le chaïnchi-bachi, ou maître de l'artillerie; le mounchi-bachi, ou premier secrétaire de l'émir; le herkarah-bachi, ou directeur des nouvelles (chef des messagers ou des postes); le nasakchi-bachi, ou grand juge; l'iman de l'émir, ou prêtre attaché à la maison du souverain, et le premier cheick-ul-islam, ou grand chancelier.

Au point de vue administratif, on s'accorde généralement à diviser l'Afghanistan en neuf provinces, qui sont : le Caboulistan, la province de Candahar, le Seïstan, la province ou vice-royauté de Hérat, la province de Balk comprenant les khanats du nord (Balk, Khulm, Kundouz, Andkoi, Maïmena), le Turkestan afghan, le Badahskan, le Wackhan, et le Kafiristan. Ces provinces sont subdivisées en districts et sur chacune d'elles viennent se greffer un certain nombre de tribus plus ou moins indépendantes.

A la tête de chaque division territoriale est un hakem, sorte de gouverneur qui lève les impôts et commande la milice. La justice criminelle et la police sont entre les mains d'un serdar; la justice civile est rendue par le cazi qui est en même temps une espèce d'officier de l'état civil. Il peut arriver que le gouverneur soit tout à la fois hakem, serdar et cazi.

Depuis que les peuples de l'Afghanistan ont embrassé l'islamisme, le Coran est devenu le code du pays et la base de toute législation. Une sorte de droit coutumier appelé le Pouchtou-Vally, tiré des usages locaux, complète au point de vue pratique les doctrines du Coran.

« L'opinion que tout individu a le droit, que c'est même un devoir pour lui de se faire justice par ses propres mains, est profondément enracinée chez les Afghans; le droit qu'a la société de refréner les passions individuelles, de se charger de la répression des torts et de la punition des crimes est très-imparfaitement compris, et si, dans la plus grande partie du pays, justice peut être obtenue par d'autres voies que le talion, si les mollahs tonnent contre la vengeance particulière, si le gouvernement est le premier à l'interdire, aux yeux du peuple il paraît toujours légal, honorable même. Un individu blessé semble toujours investi du droit de tirer une vengeance complète de son adversaire; l'offenseur est-il à l'abri de ses coups, il s'adressera à une personne de sa famille ou même de sa tribu. Si l'occasion d'exercer ce qu'il appelle son droit lui fait défaut, il saura attendre plusieurs années. Quiconque apporterait de la négligence dans l'exercice de ce droit ou y renoncerait perdrait toute considération; sa famille, sa tribu même sont tenues de le seconder. On conçoit toutes les conséquences d'un pareil principe[1]. »

Conformément à la coutume musulmane, les afghans achètent leurs femmes; il s'ensuit que celles-ci, quoique traitées généralement avec beaucoup d'égards, sont, le cas échéant, considérées comme une simple propriété dont on peut se défaire au moyen du divorce sans qu'il soit nécessaire d'alléguer un motif; la femme, au contraire, ne peut se séparer de son mari sans des raisons sérieuses et dont le cazi est chargé d'apprécier la valeur.

La polygamie est autorisée par le Coran; les Afghans peuvent donc avoir plusieurs femmes, mais il ne semble pas qu'ils usent beaucoup de la latitude que leur laisse à cet égard la loi religieuse.

Le service du culte et l'instruction de la jeunesse sont entre les mains des mollahs ou prêtres, qui vivent au moyen d'un traitement fait soit par l'état, soit par le gouvernement de la pro-

---

[1] M. Perrin.

vince ou du district, soit par la ville ou la tribu. Pris en corps, on les désigne sous les noms d'ulémas ou savants. En général ils se font remarquer par leur intelligence et leur savoir. En dehors de leurs fonctions de prêtres ou d'instituteurs, ils sont chargés, comme dans tous les pays musulmans, de seconder les juges pour l'interprétation de la loi.

On n'a aucune donnée certaine pour déterminer avec quelque précision le revenu public; on a cru pouvoir l'estimer à une trentaine de millions.

D'après M. Perrin, ce revenu se serait élevé jusqu'à trois crores de roupies[1] ou 75 millions de francs, pendant la période de paix qui a régné en Afghanistan au commencement de ce siècle. Cet argent est produit par un impôt foncier, par le rendement des domaines de l'état ou par les taxes des douanes. Le plus souvent l'impôt est payé directement à l'état par le hakem, qui prend alors à ferme le gouvernement de sa province. Le trésor renfermait aussi, paraît-il, une collection de joyaux excessivement riche et remarquable.

Dans les parties des pays afghans qui ne sont pas placées sous la domination immédiate de l'émir, l'autorité centrale n'agit, avons-nous dit déjà, que par l'intermédiaire du chef de la tribu ou de la réunion de tribus (*oulouss*, communauté de tribus).

« Le gouvernement intérieur d'un oulouss est entre les mains d'un khan et de l'assemblée des chefs. Ces assemblées portent le nom de djirga.

« Le khan préside le principal djirga, composé des chefs des principales branches de l'oulouss. Chacun d'eux tient son propre djirga, composé des chefs de divisions; ces derniers font de même, et les membres du plus petit djirga connaissent le sentiment de leurs subordonnés, ou sont en mesure de leur faire adopter les leurs.

« Dans les cas de peu d'importance, ou en certaines occasions, le khan agit sans consulter le djirga principal, qui, quelquefois aussi, émet une opinion sans consulter les djirgas inférieurs; mais, dans les circonstances délicates, rien ne se décide sans que l'opinion de toute la tribu soit connue.

« Ce système éprouve assez souvent des modifications, mais on peut le considérer comme le type du gouvernement général des tribus.

« Dans toutes les tribus, l'objet de l'attachement des Afghans est plutôt la communauté que le chef; si, dans leur pensée, l'idée d'une magistrature instituée pour l'intérêt général se trouve, à

---

1 La roupie vaut environ 2 fr. 50. — 100,000 roupies font un lack, et 100 lacks font un crore.

l'égard de leur khan, mêlée incontestablement à celle d'une suprématie patriarcale naturelle, le premier sentiment prédomine toujours, et il est rare que les intérêts personnels d'un khan puissent entraîner une tribu à un acte contraire à son honneur et à son avantage[1]. »

Les tribus que les circonstances poussent à la guerre contre d'autres tribus, ou celles qui ont des motifs pour redouter une agression étrangère, forment avec les peuplades voisines une fédération. Les djirgas des alliés se réunissent alors en assemblée pour discuter les mesures à prendre ; certaines tribus ont même des alliances permanentes.

2° ORGANISATION MILITAIRE.

L'organisation militaire de l'Afghanistan reflète l'organisation politique de ce pays ; elle est surtout féodale et varie suivant les régions.

Dans les possessions immédiates de l'émir, nous trouvons une armée régulière de 40,000 à 50,000 hommes, comprenant des troupes d'infanterie, de cavalerie, d'artillerie, constituées en régiments, bataillons, escadrons ou batteries, disciplinées, instruites, armées, équipées, soldées d'après les principes admis en Europe, et qui, en cas de guerre, peuvent être renforcées par de nombreuses réserves. Ces différents éléments sont répartis dans un certain nombre de places où ils tiennent garnison, notamment à Caboul, Hérat, Candahar, Djellallabad et Ghazni. Au nord de l'Hindou-Koh, un petit corps d'armée d'environ 10,000 hommes, formé de troupes ousbegs, est stationné dans les villes de Balkh, de Kunduz et de Khulm, et chargé de la protection de la frontière qui s'étend le long de ces districts et de la surveillance des gués de l'Oxus. Le gouverneur afghan de Balkh en est le commandant supérieur.

Dans les khanats de Maïmena et de Thiborgan, dans le Badakhschan, et le Wakhan, il ne paraît y avoir encore que des troupes organisées et instruites d'une façon toute primitive ; elles sont soumises à l'obligation de se mettre en campagne au premier appel de l'émir de Caboul ; le chiffre exact de leur effectif est inconnu, mais il ne paraît pas devoir être inférieur à 25,000 ou 30,000 hommes.

Enfin, les tribus indépendantes peuvent fournir un contingent de cavaliers irréguliers et de fantassins qu'on n'évalue pas à moins de 100,000 hommes. Là, en effet, tout homme naît pour combattre et chacun est debout au premier appel, prêt à partir, rangé par familles, encadré par tribu. La vie d'aventures commencée dès l'en-

---

[1] M. PERRIN, *L'Afghanistan.*

fance, l'humeur belliqueuse développée par les courses dans les déserts et dans les montagnes, l'habitude de se suffire à soi-même, la vigueur corporelle toujours maintenue en haleine par un exercice constant et salutaire, en font des soldats redoutables, éminemment propres aux guerres d'embuscade, habiles à surprendre l'ennemi, à se dérober à sa poursuite, à le harceler de jour et de nuit, à le fatiguer par des attaques incessantes.

L'organisation actuelle de l'armée régulière afghane remonte à quelques années seulement. C'est en 1869, à la suite d'un voyage qu'il fit dans l'Inde anglaise, que Schere-Ali se décida à entreprendre une série de réformes qui n'ont pas tardé à faire de ses troupes une force respectable.

Aujourd'hui l'armée régulière afghane se divise en trois catégories : l'armée active, sa réserve ou *defteri*, et une sorte d'armée territoriale ou deuxième réserve (*ouloussi*).

L'armée active comprend 57 régiments d'infanterie, 16 régiments de cavalerie[1] et un certain nombre de batteries de campagne et de batteries de place; elle se recrute par voie de tirage au sort et à l'aide d'engagements volontaires.

Le defteri ou première réserve, dont l'effectif semble pouvoir être évalué au dixième de la population mâle valide, fournit une milice répartie entre les trois armes, soumise à des exercices périodiques et qui doit être prête à marcher au premier signal. Les hommes du defteri sont immatriculés par district et perçoivent, même en temps de paix, une petite rémunération en espèces, qui est remplacée dans certaines parties du pays par des avantages particuliers, tels que le droit d'usance des canaux ou des allocations de denrées.

La deuxième réserve n'est destinée à être appelée que dans des cas exceptionnels; c'est la levée en masse de tous les hommes valides.

Des fonderies de canons, des manufactures d'armes, des capsuleries ont été créées depuis dix ans; des magasins d'habillement, des arsenaux ont été construits et mis promptement en état de répondre à tous les besoins.

L'émir est le chef suprême de l'armée; les officiers généraux sont très-peu nombreux, ils portent le titre de *serdar*; aujourd'hui on les désigne aussi sous le nom de *djernal* qui n'est que le titre anglais corrompu. Les souverains de l'Afghanistan ont quelquefois conféré le titre de serdar-serdaran (*serdar des serdars*) à des officiers gé-

---

[1] Ces renseignements remontent déjà à quelques années, mais il y a lieu de croire que Schere-Ali, loin de laisser affaiblir son armée, avait dû employer ces derniers temps à en perfectionner l'organisation.

néraux qui s'étaient particulièrement distingués devant l'ennemi, ou auxquels il voulaient confier la commandement en chef d'une armée.

L'artillerie est sous les ordres d'un chef spécial, le *chainchi-bachi*, d'autres disent le *toptchi-bachi*.

Les titres des autres officiers sont empruntés à l'armée anglaise et se sont conservés presque sans altération ; ainsi on trouve les grades de coronel, midjir, etc., qui correspondent évidemment à ceux de colonel, major, etc.

L'organisation intérieure des corps de troupe de l'armée active afghane a été calquée sur celle de l'armée des Indes. L'instruction y a été donnée par des déserteurs anglais ; les commandements mêmes s'y font en anglais. La discipline y est fort sévère ; le pouvoir du supérieur sur ses subordonnés est à peu près illimité. Les officiers et les hommes de troupe sont logés aux frais de l'état ; ils habitent avec leurs familles dans des maisons ou des bâtiments appropriés à cet effet. En dehors de la solde, les soldats reçoivent des vivres en nature, l'armement et l'équipement.

En campagne, les troupes n'emportent avec elle que ce qui est absolument indispensable : peu de campement, quelques rechanges, l'eau et le fourrage, le tout porté à dos de chameau ou de mulet. Presque jamais on ne fait en route de distribution de vivres ; chaque colonne est suivie d'un petit bazar : c'est là que le soldat doit s'approvisionner. Les hommes sont du reste habitués à pourvoir d'eux-mêmes à leur subsistance ; ils se contentent de peu et ils savent à merveille trouver ce qui leur est nécessaire là où un Européen ne découvrirait absolument rien ; et s'ils ne peuvent manger un jour, ils attendent au lendemain sans se plaindre ni murmurer.

Les femmes et les enfants ne suivent pas l'armée dans ses expéditions.

Les régiments d'infanterie sont numérotés de 1 à 57. Leur armement, à peu près uniforme, se compose d'un fusil rayé de modèle récent, d'un sabre-baïonnette ou d'un sabre recourbé, et généralement d'un poignard. La tenue consiste en une sorte de tunique de coton bleu, à larges plis, et en un pantalon de même couleur ou blanc, court et collant. La chaussure est une espèce de sandale sur laquelle repose le pied nu ; la coiffure est le bonnet persan noir ou une calotte rouge ou verte. L'homme porte avec lui ses munitions, son eau, un peu de pain ou de grain et du fromage durci.

L'effectif normal du régiment d'infanterie est de 650 combattants, ce qui représente un total d'environ 37,000 hommes pour les 57 régiments.

En route, l'infanterie est formée en colonne compacte, en troupeau ; la journée de marche est ordinairement de 20 à 24 kilomètres, l'allure est vive, on ne voit presque jamais de traînards.

Grâce à leur instinct de la guerre, les afghans forment des tirailleurs excellents ; peu habiles dans les manœuvres en ligne, si on les compare aux troupes européennes, ces soldats n'en sont pas moins très-solides au feu, et ils constitueraient, même en rase campagne, un élément réellement redoutable s'ils étaient dirigés par des chefs plus capables et plus expérimentés que leurs officiers, qui font consister toute la tactique dans la valeur personnelle.

Les régiments de cavalerie sont formés à quatre escadrons de 100 hommes chacun, ce qui donne un effectif de 6,400 hommes de troupe régulière de cette arme. A ce chiffre, il faudrait ajouter les contingents de khanats du nord, qui fournissent aussi des combattants incorporés en tous temps.

La cavalerie régulière a conservé le costume national ; elle est armée du sabre, du fusil et de la lance ; quelques régiments possédaient déjà avant la guerre des carabines rayées se chargeant par la culasse. Chaque homme porte avec lui ses provisions de pain et de craout (fromage sec), dans une sorte de besace, et son eau dans une grande bouteille en cuir.

L'instruction de la cavalerie est de beaucoup plus développée que celle de l'infanterie : individuellement, le cavalier afghan peut rivaliser avec les meilleurs écuyers du monde : en masse, la cavalerie afghane a donné de nombreuses preuves de son audace, de sa solidité, de son intelligence, et la charge légendaire de Purwandurrah lui a conquis le droit de figurer parmi les plus brillantes cavaleries de la terre.

Les cavaliers afghans achètent eux-mêmes leurs montures et en restent propriétaires. Les chevaux se recrutent chez les Ouzbegs et chez les Turkomans qui vivent sur les bords de l'Oxus ; on en prend aussi une certaine quantité dans les environs d'Hérat. Le principal marché en est à Balkh ; on y trouve deux espèces également estimées pour des services différents : l'une, qu'on appelle *turck* ou *ousbeg*, est de petite taille, mais vigoureuse, infatigable : c'est la vraie race du cheval de montagne ; elle vient des environs de Balkh et de la Bouckharie ; l'autre, qui reçoit la dénomination de *turcomane*, est plus grande, et cette qualité la fait rechercher beaucoup pour les chevaux d'armes. Dans le pays, un cheval *turck* vaut de 200 à 500 francs ; un *turcoman*, de 500 à 2,500 francs.

Les chevaux de Hérat sont d'une grande beauté et sont fort recherchés ; mais leur prix excessivement élevé fait qu'ils ne peuvent être employés à la remonte de la cavalerie.

« Rien ne frappe plus un étranger dans ce pays, dit le capitaine Burnes, que la manière de soigner les chevaux, car elle diffère beaucoup de celle de l'Inde. Jamais on ne leur ôte la selle pendant le jour, croyant que le cheval en dort mieux la nuit. On ne promène jamais un cheval en le faisant aller et revenir, mais on le monte, ou bien on le fait tourner en cercle jusqu'à ce qu'il n'ait plus chaud. Dans cette saison (au printemps) on ne lui donne pas de grain : on le nourrit avec de l'orge verte qui n'est pas encore en épi. On fait toujours un nœud à la queue du cheval ; on tient en tout temps sa croupe couverte d'un feutre très-propre, souvent bordé de soie, et retenu par la croupière. Les Afghans prennent le plus grand soin de leurs chevaux, mais ils ne les régalent pas d'épiceries, comme on le fait dans l'Inde, et les ont toujours en très-bon état. » La selle est en bois, d'une extrême légèreté, rembourrée de coton et recouverte de velours ; sous la selle se place un coussinet en feutre appelé *khogyr ;* un simple filet sert à guider le cheval. »

En route, dans les haltes, la moitié des cavaliers ont toujours la précaution de rester à cheval pour veiller à la sécurité du gros de la troupe. Au camp ou bivouac, on attache les chevaux par groupes de 8 ou 10 seulement, à deux cordes qu'on fixe parallèlement l'une à l'autre par des piquets.

En 1809, Schah-Coudja, l'un des derniers souverains de l'Afghanistan, n'avait que cinq canons, lors de sa campagne de Peschawar ; aujourd'hui l'artillerie afghane forme au moins dix batteries de campagne. On évalue à 100 le nombre de ses pièces légères, et pareil nombre de bouches à feu serait en réserve dans les arsenaux ; de plus, les places fortes renfermeraient un matériel considérable de gros calibre.

La canonnade du 30 novembre dernier au Peïwar, où l'artillerie afghane, par la précision et le sang-froid de son tir, a tenu un instant en arrêt toute la colonne du général Roberts, montre que si elle était toujours entre les mains de chefs habiles, cette artillerie constituerait une force sérieuse avec laquelle il faudrait compter.

En dehors de l'artillerie de campagne proprement dite, il existe aussi en Afghanistan une espèce d'artillerie de montagne composée de petites pièces appelées *zambourek,* qui sont portées à dos de chameau.

Telle est, d'après les données les plus récentes, l'armée que le souverain de l'Afghanistan pouvait lever au début de la guerre ; armée composée d'éléments courageux et solides et dont une partie a une instruction militaire qu'on ne saurait dédaigner. Mais il est dans le caractère de toute nation comme de tout individu d'affecter toujours le mépris le plus complet pour son adversaire, comme s'il ne serait pas, au contraire, plus habile et plus avantageux d'en reconnaître et même d'en exalter les qualités. N'y a-t-il pas, en effet, d'autant plus de mérite à se mesurer avec un ennemi, qu'on le sait

plus vigoureux, et la gloire qu'on retire de la victoire n'est-elle pas
en raison directe de la grandeur du vaincu ? Cette disposition
d'esprit a été cause qu'au début de la dernière campagne entreprise contre l'émir de Caboul, presque tous les écrivains se sont
appliqués à nous montrer les Afghans comme de pauvres hères,
prêts à se débander au premier coup de canon, et à nous représenter même les obstacles naturels dont le pays est hérissé comme
de simples barrières que la science moderne ouvrirait sans peine.
Cependant la guerre a duré de longs mois déjà, et l'armée anglo-
indienne, dont personne ne peut mettre en doute la solidité, le
courage et le dévouement, conduite par des généraux d'une valeur
incontestée, s'est avancée de quelques centaines de kilomètres à
peine, ayant à lutter à chaque pas contre des difficultés matérielles
inouïes, en même temps qu'à résister aux attaques continuelles d'un
ennemi infatigable. Il y a là de quoi faire réfléchir ceux qui s'en-
dorment confiants dans l'impuissance des *barbares*, et si le succès
final est assuré aux armes britanniques, on serait mal venu à penser
qu'il n'a pas été acheté au prix de glorieux efforts.

<h2 style="text-align:center">VII.</h2>

APERÇU HISTORIQUE.

Le peuple afghan n'a pas d'annales et ses débuts sur la scène du
monde, rapportés d'une façon fabuleuse dans les légendes natio-
nales, esquissés à grands traits par les écrivains indigènes modernes, qui ont pris sans les discuter ces traditions fantastiques pour
bases de leurs ouvrages, seraient impossibles à suivre, si les auteurs étrangers ne venaient de temps en temps jeter un peu de lumière
sur les faits principaux, en relatant certains événements dans lesquels les Afghans se sont trouvés mêlés avec les autres peuples dont
ils racontent l'histoire.

La question de l'origine des Afghans a été l'objet de longues con-
troverses dans le monde savant. Comme tous les peuples barbares
qui ont embrassé la religion de Mahomet et qui n'avaient pas encore
d'histoire écrite, ils se sont donné, après leur conversion, des
généalogies qui se rattachent naturellement à l'Ancien Testament
auquel les musulmans attribuent un caractère indiscutable d'authenticité. Ils se disent donc aujourd'hui de race juive; ils s'intitu-
lent *Beni Israël*, enfants d'Israël, et cependant ils regardent comme
un terme de mépris la qualification de Juif, *Jahoudie*.

Cette version, qui attribue aux Afghans une origine hébraïque,
fut tout d'abord admise avec enthousiasme par un grand nombre

d'illustres orientalistes. Sir W. Jones, président de la Société asiatique de Calcutta, l'accueillit un des premiers, s'appuyant sur une concordance qu'il croyait avoir découverte entre la langue pouchtou et le chaldéen. M. Klaproth, qui s'est livré à de minutieuses recherches sur l'idiome des Afghans, a démontré, au contraire, dans plusieurs mémoires, que l'assertion de sir W. Jones, malgré l'autorité de ce savant, ne reposait pas sur des fondements sérieux et que le pouchtou appartient à la grande famille indo-germanique. C'est aussi l'opinion d'Elphinstone.

Burnes a embrassé l'avis de sir W. Jones : « Je ne vois pas de bonne raison, dit-il, pour ne pas croire à ces traditions des Afghans, bien qu'elles offrent quelques anachronismes et que les dates ne correspondent pas exactement avec celles de l'Ancien Testament. Dans les histoires de la Grèce et de Rome nous trouvons de semblables altérations, de même que dans les derniers ouvrages des écrivains arabes et musulmans. Les Afghans ressemblent aux Juifs, et chez eux le frère cadet épouse la veuve de son frère aîné, conformément à la loi de Moïse. Les Afghans ont de fortes préventions contre la nation juive, ce qui montrerait au moins qu'ils ne réclameraient pas, sans une juste cause, leur descendance de ce peuple. Puisque quelques-unes des tribus d'Israël furent amenées dans l'est, pourquoi ne pas admettre la conjecture suivant laquelle les Afghans en sont la postérité convertie à l'islamisme? Je sais que mon sentiment diffère de celui de M. Elphinstone, qui est une autorité imposante, mais je crois que j'ai appuyé le mien sur des motifs raisonnables. »

M. Eyriès combat énergiquement cette manière de voir et cite à ce propos l'opinion du professeur S. Lee, de Cambridge : « S'il y avait la moindre chose qui pût approcher de la vérité dans l'histoire de leur descendance des Juifs, il est raisonnable de supposer que leur langue serait de l'hébreu pur, ou un dialecte qui s'en rapprocherait beaucoup; mais c'est tout le contraire. Cette descendance prétendue est donc une pure fable, de même que leur empressement à embrasser l'islamisme. Quelques personnes ont été assez crédules pour ajouter foi à l'histoire de cette descendance, et ensuite pour s'imaginer qu'elles avaient découvert chez ce peuple les dix tribus d'Israël, ce qui est beaucoup plus que les Afghans eux-mêmes ne supposent. Cette partie de la nation revint de la captivité, à l'exception des individus qui avaient embrassé la religion des idolâtres, ce dont le Nouveau Testament ne permet pas de douter un instant. Je ne vois donc pas la moindre probabilité de les retrouver soit dans le Candahar, soit ailleurs. »

D'autres auteurs ont voulu reconnaître dans les Afghans des descendants des Albanais du Caucase, dont le nom s'écrit *Aghvans*, et

les rattacher à la grande famille arménienne; mais ce système n'a
pu supporter un long examen : aucune similitude n'existe entre les
langues, et Elphinstone nous raconte à ce sujet, qu'un jour ayant lu
une grande partie d'un vocabulaire pouchtou à un Arménien instruit,
celui-ci n'y put découvrir un seul mot se rapprochant de la langue
nationale. « Des deux cent dix-huit mots pouchtou que j'ai com-
parés avec leurs correspondants en persan, zend, pehlevi, sanscrit,
hindoustani, arabe, géorgien, hébreu et chaldéen, dit M. Perrin,
j'en ai trouvé cent dix qui ne pourraient être rapportés à aucune
de ces langues, mais paraissent tout à fait différents et originaux.
Quant au reste, la plus grande partie sont persan moderne; mais
quelques-uns sont venus du zend dans cette langue et en plus
grande proportion encore du pehlevi, tandis que plusieurs appartiennent à ces deux langues, mais n'ont pas été introduits dans le
persan moderne. Quelques-uns de ces mots zend et pehlevi sont
cependant communs au sanscrit, ces trois langues ayant une grande
affinité; on rencontre aussi quelques mots qui ne se trouvent que
dans le sanscrit et dans l'hindoustani. Pas un seul des deux cents
dix-huits mots n'offre la plus légère apparence d'une source hébraïque, chaldaïque, géorgienne ou arménienne. »

Aujourd'hui il est établi d'une manière indiscutable que la langue
afghane appartient au groupe indo-germanique; en s'appuyant sur
cette puissante donnée, ainsi que sur les témoignages de l'histoire
qui arrivent de jour en jour plus nombreux et plus concluants, on
en est arrivé à démontrer d'une façon péremptoire que les premières
tribus afghanes ont leur origine intimement liée avec celle des peuples aborigènes du massif montagneux qui forme le nord-ouest de
l'Inde.

Si discréditée que soit maintenant la légende qui fait descendre les
Afghans des Juifs, il m'a paru qu'il ne serait cependant pas sans intérêt de la rappeler ici en quelques lignes, puisqu'elle est fortement
enracinée dans le pays : Malek-Talut (le Saül de l'Ecriture) serait le
chef de leur race; il avait deux fils, Berkia, et Irmia, qui se rendirent
célèbres à la tête des armées du roi David. Berkia eut un fils,
Afghama, grand chasseur et grand voyageur, qui, après la captivité
des tribus juives, se retira avec les siens dans les montagnes où la
race afghane a vécu depuis.

« Les Afghans disent qu'ils restèrent juifs jusqu'au temps où
Khalid, désigné par le titre de calife, les appela, dans le premier
siècle de l'islamisme, pour l'aider à faire la guerre aux infidèles.
Kaïsé, leur chef, en récompense des services qu'ils avaient rendus
dans cette occasion, reçut le nom d'*Abdoulrechid* (serviteur du
juste). On lui dit aussi de se regarder comme le *batan* ou le mât de
sa tribu, par lequel le vaisseau de leur état serait dirigé. Depuis

ce temps les Afghans sont quelquefois appelés Pathans, et c'est sous ce nom qu'ils sont communément connus dans l'Inde[1].

« Après la campagne de Khalid, les Afghans retournèrent dans leur pays natal et furent gouvernés par un roi de la lignée de Kaïani ou de Cyrus, jusqu'au onzième siècle, époque à laquelle ils furent sub-jugués par Mahmoud le Ghaznévide[2]. »

Ce n'est guère qu'à partir de ce moment que nous pouvons suivre réellement la marche des Afghans. Mais si, nous arrêtant un instant, nous nous retournons en arrière, que de grands faits historiques, d'événements immenses, ne voyons-nous pas se dérouler devant nous dans ces régions de l'Asie centrale, qui depuis les premiers âges du monde ont été les témoins ou ont reçu le contre-coup de toutes les grandes convulsions des peuples. Près de 2,000 ans avant l'ère chrétienne, ce sont les tribus ariennes qui, franchissant l'Hindou-Koh et ses ramifications méridionales, se précipitent comme un torrent impétueux dans la vallée du Caboul-Daria, pour se répandre de là dans les riches plaines de l'Inde. Un demi-siècle avant Jésus-Christ, Cyrus pénètre dans le bassin de Cophès (la rivière de Caboul des anciens) et détruit de fond en comble la ville de Capissa, située à une vingtaine de lieues au nord de Caboul.

Bientôt Darius soumet à ses armes et rattache à l'empire des Perses les vallées du Caboul-Daria et de l'Helmend, et dans la répar-tition qu'il fait de ses conquêtes nous voyons le pays des Afghans former deux satrapies, la septième est représentée à peu près par le bassin de la rivière de Caboul et la quatorzième par celui de l'Hel-mend.

Plus tard, Alexandre s'empare de Hérat (330-327 avant notre ère), fonde Candabar, agrandit et fortifie Caboul, y établit une colonie de vétérans et part de là pour annexer à son immense empire les pays situés au nord de l'Hindou-Koh et au sud de l'Indus. Deux cents ans après, une invasion de barbares d'origine tibétaine fond sur l'empire des Séleucides et envahit la Bactriane. Refoulées à leur tour par le flot sans cesse croissant des hordes qui les suivent, ces bandes franchissent l'Hindou-Koh l'an 16 avant Jésus-Christ, et s'établissent à demeure dans tout le pays compris entre cette chaîne de montagne et la vallée de l'Indus, sur les ruines des colonies grecques. Ce sont les Indo-Scythes, peuplades vaillantes, labo-rieuses, instruites, dont l'empire dura plusieurs siècles, et qui furent

---

[1] C'est la première fois, ajoute le capitaine Burnes, que j'entendais donner une telle explication de ce mot. D'après M. Perrin, le nom de *Pathan* ou *Patan* serait un dérivé du verbe hindi *Païtna*, qui veut dire *s'élancer*, et il aurait été donné aux Afghans par Mahmoud le Ghaznévide, à cause de l'impétuosité de leurs charges.

[2] Capitaine BURNES, traduction de M. Eyriès.

repoussées à leur tour par un nouveau flot d'envahisseurs, les Turcs cette fois, vers 571.

Quels furent au milieu de tous ces bouleversements le rôle et l'attitude des tribus afghanes qui habitaient déjà ces contrées? quel était le degré de leur civilisation? quelle était leur religion? Restèrent-ils longtemps idolâtres ou bien juifs? devinrent-ils sectateurs de Bouddha avec les Indo-Scythes? Ce sont autant de questions qui n'ont pas encore été résolues jusqu'à ce jour.

Convertis à l'islamisme aussitôt après la conquête des Turcs, les Afghans prêtèrent pendant les premiers siècles de l'hégire leur concours aux vainqueurs. Les uns, habitant les montagnes du nord-est de l'Afghanistan actuel, obéissaient à la dynastie arabe des Samanides établie à Bockhara, et dont le représentant siégeait à Ghazni; les autres, répandus dans les vallées des monts Soleïman et de toutes les montagnes du sud-ouest dites de Ghore, formaient un royaume dont le souverain descendait, d'après Elphinstone, de Zoâk, l'un des plus anciens monarques de la Perse.

Vers le commencement du xie siècle, le gouverneur de Ghazni se révolta contre son suzerain et se rendit indépendant. Ce fut le fondateur de cette dynastie des Ghaznévides, qui brilla bientôt d'un si vif éclat sous le règne de Mahmoud. Mahmoud commença par détrôner le souverain qui régnait sur les tribus afghanes répandues dans les montagnes de Ghore (dynastie des Ghourides) et s'annexa ses états. Portant ensuite ses armes victorieuses dans la Perse et dans l'Inde, il créa un vaste empire dont la puissance ne fit que grandir pendant 250 ans.

Un prince ghouride, Chehab-Eddin Mohammed al Ghori, renversa en 1186 le trône des Ghaznévides, et rétablit le siége du gouvernement à Ghazni, d'où il avait été transporté précédemment à Lahore. « Sous son règne, il se fit un grand déplacement des tribus occidentales. Peu de temps après son accession au trône, le sultan ordonna en effet à ses premiers omras de faire sortir tous les Afghans des districts montagneux de l'ouest et de les établir dans les montagnes les plus rapprochées de Ghazni, « afin, dit la chronique nationale, qu'ils y devinssent les gardiens du siége de l'empire et qu'ils tinssent en respect les infidèles de l'Hindoustan. » Cet ordre fut exécuté. Tous les Afghans quittèrent le Kohistan (ou haut pays) de Ghore, et reçurent de nouveaux établissements dans le territoire qui s'étend de Ghazna au Sindh, depuis Badjour et Peschawar jusqu'aux confins de Bakkar dans le Sindh. Ceci est une époque remarquable dans l'histoire des pays Afghans[1]. »

Ce vaste empire, fondé par la dynastie des Ghaznévides et dont la

---

[1] M. Vivien de Saint-Martin, *Dictionnaire de géographie universelle.*

grandeur s'était maintenue sous le règne de Chehab-Eddin, s'écroula tout à coup à la mort de ce monarque. Par son testament, ce prince partagea en effet ses possessions entre deux de ses favoris, Kothb-Eddin-Aïbek et Tadji-Eddin-Ildouz; le premier reçut le gouvernement de l'Inde et le second celui des provinces situées sur la rive droite de l'Indus.

Kothb-Eddin et ses successeurs furent les maîtres de l'Hindoustan jusqu'en 1525, et ce pays resta ainsi pendant plus de 300 ans (1185 à 1525) sous la domination des Afghans. Leur puissance fut anéantie alors par l'invasion des Mogols. Ces peuples que nous voyons franchir l'Hindou-Koh et descendre sur les bords du Sindh dès l'an 1221, sous la conduite de Tchinghiz-Khan, réapparaître plus nombreux encore en 1400 avec Timour (Tamerlan), entreprirent en effet la conquête de l'Inde au commencement du xvi° siècle et fondèrent le grand empire des Mogols, qui s'est maintenu jusqu'au xviii° siècle, et dont le sultan Baber fut le premier chef.

Quant aux provinces situées sur la rive droite de l'Indus, elles furent bientôt enlevées à Tadji-Eddin par le sultan du Kazirim, des mains duquel elles passèrent entre celles de Djellal-Eddin, son successeur naturel, qui les perdit lui-même presque aussitôt, écrasé par l'invasion mogolique de 1220. Tous les pays afghans proprement dits sont alors placés sous la domination tartare, et la plus profonde obscurité enveloppe leur histoire intérieure pendant de longues années.

« Cependant le nom de Patan n'en acquérait pas moins au dehors une notoriété toujours plus grande par les hauts faits de quelques chefs et de leurs tribus. Plusieurs d'entre elles, quittant les demeures que leur avait assignées Chehab-Eddin, étaient descendues dans les plaines du Pendjab pour venir chercher fortune au service des empereurs de Delhi. Au milieu du xv° siècle, on vit un chef puissant, de la tribu de Lodi, Melik-Belhol, renverser l'empereur régnant et s'asseoir sur le trône de Delhi, où sa dynastie se maintint jusqu'à la conquête de Baber. Au règne de Belhol se rattache l'établissement dans l'Inde d'une multitude de clans afghans, appelés par lui pour se fortifier dans le pays[1]. »

En 1506, Baber, petit-fils de Timour, dut abandonner ses états du Turkestan et se créa, par les armes, un royaume au sud de l'Amou-Daria. Il établit son autorité sur tout le pays situé entre ce fleuve et l'Hindou-Koh; puis, traversant ces montagnes, il conquit rapidement le Caboulistan et toute la région qui s'étend sur la rive droite de l'Indus. Bientôt il pénétrait dans l'Inde, et, en 1525, il

---

[1] M. Vivien de Saint-Martin, *Dictionnaire de géographie universelle.*

renversait le dernier des souverains afghans de ce pays, Ibrahim-Lodi, tué à la bataille de Panibet. Baber fit de Caboul le siége de son gouvernement.

A la mort de ce conquérant, célèbre par ses triomphes, aussi bien que par l'étendue de son intelligence et l'éclat de ses vertus, son empire fut divisé entre ses deux fils : l'un gouverna à Caboul, l'autre régna sur l'Inde, avec Delhi pour capitale.

Un khan afghan, du nom de Sehre-Schah, renouvela bientôt les exploits de Melik-Belhol, et, chassant de son trône le successeur de Baber, fonda dans l'Inde une nouvelle dynastie patane, monarchie éphémère, qui succomba presque aussitôt sous les attaques du prince dépossédé. Le souverain de Caboul étant mort, l'héritier de Baber, régnant à Delhi, eut un instant entre les mains tout l'empire de son père; Delhi en devint la capitale officielle, et la dynastie des Mogols conserva sa puissance jusqu'au siècle dernier. Peu à peu cependant l'autorité de la maison de Timour sur l'Afghanistan proprement dit se restreignit à une partie des plaines et des vallées qui avoisinent l'Indus; la partie méridionale du pays fut acquise par la Perse, et les habitants des montagnes s'affranchirent de toute autorité étrangère.

Le royaume de Candahar, placé entre les deux empires rivaux de la Perse et de l'Inde, convoité par l'un et l'autre et protégé par chacun, dut à sa situation particulière de conserver son indépendance pendant un certain temps. Cependant Abbas le Grand, qui régnait en Perse au commencement du xviie siècle (1585 à 1628) parvint à faire reconnaître sa protection par le souverain de Candahar; de là à une annexion il n'y avait qu'un pas : aussi dès 1650 Abbas II, deuxième successeur d'Abbas le Grand, s'établissait en maître à Candahar, et ce fut inutilement que les Mogols vinrent à trois reprises différentes assiéger cette place : elle resta au pouvoir de la Perse jusqu'en 1714.

A cette époque, un chef puissant des Afghans nommé Mir-Veïs, fomenta une insurrection formidable dans tout le pays, massacra le gouverneur persan, chassa son armée et finalement se fit proclamer roi. Son successeur, Mahmoud, porta la guerre en Perse, s'empara d'Ispahan en 1722, et réunit tout le pays à son autorité. Mahmoud périt assassiné par un de ses cousins, et sa mort fut l'occasion de troubles terribles dans toutes les contrées soumises à sa domination. Pendant ce temps s'était formé un parti puissant qui n'avait d'autre but que de chasser l'étranger du sol de la patrie: profitant des désordres qui suivirent la mort de Mahmoud, le chef de ce parti, Nadir, qui devait devenir célèbre sous le nom de Nadir-Schah, suscita une révolte contre le prince afghan et le força à se retirer à Candahar.

En même temps que ces événements s'accomplissaient du côté de Candahar, un puissante tribu afghane du nord-ouest, qui avait su se soustraire toujours à la domination étrangère, celle des Avdalis, agissant pour son propre compte, pénétrait en Perse sous les ordres d'Abdullah-Khan (1716) et s'emparait de Hérat; ce fut en vain que Mahmoud s'efforça de reprendre cette place: Zeman-Khan, successeur d'Abdullah, lui opposa une habile résistance et déjoua toutes ses tentatives.

Après l'assassinat de Mahmoud, Nadir, devenu chef des armées persanes, réussit enfin à vaincre ces redoutables ennemis; mais les Avdalis se relevèrent promptement de ce premier échec, battirent à leur tour les détachements envoyés à leur rencontre et allèrent assiéger Meshed. Nadir les obligea encore une fois à battre en retraite, et les poursuivant jusque sous les murs de Hérat, s'empara de cette ville après six mois de lutte; plein d'admiration pour le courage et la solidité des défenseurs de la place, le vainqueur les traita en alliés et les incorpora dans son armée (1731).

En 1737, Nadir marcha de nouveau sur Candahar; après dix-huit mois d'une résistance héroïque, la place dut succomber, et sa chute amena la ruine de l'indépendance de l'Afghanistan.

Nadir put entreprendre alors son expédition de l'Inde, si brillante pour ses armes, et à la suite de laquelle le souverain mogol dut lui céder tous ses droits sur le Caboulistan, le Candahar et les plaines situées sur la rive droite du Sindh; cependant l'illustre conquérant ne devait pas jouir longtemps de sa gloire, ni recueillir le prix de ses travaux; à peine de retour en Perse, il périt assassiné, à Fattahabad, par trois chefs persans, nommés Mohammed-Khan-Erivani, Moussa-Bey-Taremi et Koutchouk-Bey-Gondoslaï. Cet événement se passait le 8 juin 1747. Ahmed-Khan, chef de la tribu des Avdalis, qui avait été fort attaché à Nadir, chercha à venger sa mort; mais, voyant l'inutilité de ses efforts, il rassembla une petite troupe, composée d'Afghans et d'Ouzbegs, et se dirigea sur Candahar, où il entra sans trouver de résistance et se fit proclamer roi (octobre 1747), sous le nom de Ahmed-Schah dour-i-douran (Ahmed, roi du monde des mondes); il avait alors 23 ans. Bientôt le Caboulistan est en son pouvoir; peu de temps après, il s'empare de Hérat et porte ses armes victorieuses jusqu'à Meshed; vers l'est, il soumet le Pendjab, chasse les Mahrattes de l'Hindoustan et conquiert tout le pays jusqu'au Gange. En 1762, Ahmed réprime énergiquement une tentative des Sicks sur le Pendjab; puis, n'ayant plus d'ennemis à combattre, il consacre sa dévorante activité à l'organisation intérieure de son pays; il mourut en 1768.

Le règne de Ahmed-Schah marque le commencement d'une ère nouvelle dans l'histoire des Afghans. C'est le réveil de la vitalité de la nation et de son indépendance ; de ce moment elle s'affirme et prend place parmi les grands états de l'Asie.

Timour, fils et successeur d'Ahmed-Schah, transporta à Caboul le siége du gouvernement. Ce prince n'avait aucune des qualités de son père ; il sut cependant se maintenir sur le trône jusqu'à sa mort (1793), grâce à un système de concessions perpétuelles.

A sa mort commence une longue série de compétitions et de luttes intérieures qui ne s'est terminée qu'au milieu du siècle actuel.

Timour laissait six fils : Humayoun, Firouz, Mahmoud, Eyoub, Zeman, Abbas et Choudja. « Leur père n'avait fait de dispositions en faveur d'aucun d'eux et la lice était ouverte. Une intrigue de la reine fit monter Zeman sur le trône ; Humayoun et Abbas, les premiers qui se révoltèrent, furent chassés ; puis vint le tour de Mahmoud, qui d'abord ne fut pas plus heureux. Humayoun, soulevé de nouveau, perdit la vue et alla passer le reste de sa vie dans une prison. Le Khorassan et l'Inde attaqués, l'un par les Persans, l'autre par les Sicks, occupèrent Zeman jusqu'en 1797 ; il battit alors Mahmoud, que sa première défaite n'avait pas découragé. De 1798 à 1800, nouvelles expéditions des Persans conduits par Feth-Ali, accompagné de Mahmoud, expéditions aussi infructueuses les unes que les autres. Mahmoud, obligé de fuir devant Zeman, fut rappelé par Fethi-Khan, de la famille Barikzeye. A son instigation Mahmoud abandonne les secours étrangers, entre sur le territoire afghan, pénètre dans Candahar, débauche une partie des troupes de Zeman ; celui-ci fuit devant son adversaire et lui est livré par un mollah chez lequel il avait cherché un asile. Mahmoud lui fait crever les yeux et le relègue dans le Bala-Hissar. Pendant qu'il était retenu dans la demeure du mollah, ce prince avait eu le temps de cacher dans l'épaisseur d'un mur le fameux diamant Kouih-Nour (montagne de lumière), et plusieurs autres pierres précieuses ; elles y furent retrouvées par son frère Choudja[1]. »

Mahmoud, proclamé schah, ne fut pas longtemps sans se voir attaquer de nouveau. Choudja, l'un de ses frères, qui s'était retiré à Peschawar, résolut de s'emparer du pouvoir ; c'est alors, pendant près de vingt années, une série de luttes sanglantes se continuant avec les alternatives les plus extraordinaires de succès et de revers pour chacun des deux partis.

Choudja entra en campagne à la tête de 15,000 hommes ; dès la première affaire son grand vizir Akran est tué et son armée mise en complète déroute par Fethi-Khan, commandant des troupes de son adversaire, qui n'avait cependant sous ses ordres que 2,000 combattants. Choudja s'enfuit précipitamment dans les montagnes du

---

[1] M. Perrin, *L'Afghanistan*.

Khyber, abandonnant au vainqueur ses bagages et ses trésors. Quelques mois après, le malheureux prince fit une tentative sur Candahar, mais elle échoua misérablement; cette fois Choudja fut complétement abandonné par les siens et l'Afghanistan tout entier, à l'exception du pays de Cachemire, reconnut l'autorité de Mahmoud; Fethi-Khan reçut le titre de grand vizir comme récompense de ses services. Bientôt, par suite du goût effréné de son maître pour les plaisirs, le ministre devint le véritable souverain, et cette omnipotence qu'il acquit dans la gestion des affaires du pays ne manqua pas d'attirer sur sa tête les haines et les jalousies, et notamment celles du prince Kamran, fils et héritier présomptif de Mahmoud.

Reconstituer le royaume afghan tel qu'il était au moment de sa splendeur, devait être le premier rêve de Fethi-Khan; pour cela il fallait commencer par reprendre la province de Cachemire qui était restée indépendante entre les mains d'Atta-Mohammed-Khan, fils du vizir de Choudja; mais pour atteindre Cachemire on devait traverser le Pendjab, ce qui était impossible sans la permission du maharadjah des Sicks, Rendjüt-Sing.

Fethi-Khan obtint, moyennant la promesse de neuf lacks de roupies, non-seulement l'autorisation de faire passer ses troupes par le Pendjab, mais encore un renfort de 10,000 hommes; dans ces conditions, la citadelle de Cachemire fut enlevée rapidement et tout le pays soumis en quelques semaines. Il ne restait plus qu'à tenir les engagements pris envers Rendjüt-Sing; Fethi-Khan se montra si peu empressé à les remplir que le maharadjah se crut autorisé à recevoir les ouvertures secrètes que lui faisait le commandant d'Attok de lui remettre cette place, et moyennant un lack de roupies il se rendit possesseur de cette importante forteresse.

A cette nouvelle Fethi-Khan s'empressa de quitter Cachemire et de marcher sur Attok. « Il trouva l'armée sicke [1] campée dans la plaine de Tchatch, à peu près à deux milles du fort; la chaleur était accablante; les Sicks avaient le double avantage de la position et de la facilité de se procurer de l'eau. Le vizir, qui n'avait que du mépris pour son antagoniste, fit marcher contre lui son frère Dost-Mohammed-Khan, à la tête de 2,000 Afghans; ce chef prit toute l'artillerie des Sicks; il avait démonté deux de leurs canons et se disposait à profiter de son avantage, quand il s'aperçut qu'il n'était pas soutenu et que toute l'armée de son frère s'était débandée. Au moment où Dost-Mohammed-Khan effectua son attaque, des gens mal intentionnés vinrent annoncer au vizir que son frère avait été fait prisonnier avec toute sa division, et d'autres non moins perfides contèrent à Dost-Mohammed que son frère avait été tué. Il

---

[1] M. Eyriès écrit *seïk*.

ne lui restait plus d'autres ressources que d'opérer sa retraite; elle fut exécutée avec honneur, et il traversa l'Indus après avoir brûlé préalablement quelques-uns de ses équipages de campagne; néanmoins il en laissa la plus grande partie qui fut pillée par les Sicks. Depuis ces désastres éprouvés dans les plaines de Tchatch, la puissance des Afghans est disparue de la rive orientale de l'Indus[2]. »

L'attention de Fethi-Khan dut bientôt se porter d'un autre côté; la Perse exigeait un tribut de la province de Hérat et menaçait de prendre les armes si elle n'obtenait immédiatement satisfaction. Le grand vizir se dirigea aussitôt sur Hérat, fit enfermer le gouverneur de la province qui n'était autre cependant que Hadji-Firouz, frère de son maître, et mit la place en état de défense; quelques semaines après l'armée persane était complétement battue par Fethi-Khan.

Ce succès ne fit qu'augmenter la faveur et le pouvoir du grand vizir et dès lors la haine de ses ennemis; le prince Kamran réussit à persuader à son père qu'il était temps de se débarrasser de cet homme devenu trop puissant, et obtint l'autorisation de le faire arrêter. Fethi-Khan fut pris près de Candahar; on lui creva les yeux, puis il fut traîné à Caboul (1818); immédiatement ses frères firent un appel aux armes pour le venger.

« La tragédie qui termina la vie de Feth-Ali-Barahzi (Fethi-Khan) est peut-être sans égale dans les temps modernes. Aveugle et enchaîné, il fut amené à la cour de Mahmoud, où il avait si récemment exercé un pouvoir absolu. Le roi lui reprocha ses crimes et lui enjoignit d'user de son ascendant sur ses frères pour qu'ils rentrassent dans le devoir. Fethi-Khan répondit avec calme et courage qu'il n'était plus qu'un aveugle et ne se mêlait plus des affaires de l'état. Mahmoud, irrité de sa constance, donna le signal de sa mort, et cet infortuné fut littéralement coupé en morceaux par les nobles de la cour; ils finirent par lui abattre la tête. Fethi-Khan endura tous ces tourments sans pousser un soupir, et montra la même indifférence, le même mépris, la même insouciance pour sa propre vie qu'il avait si souvent témoignés pour l'existence d'autrui. Les restes de ce malheureux furent réunis dans une toile et envoyés à Ghazni, où ils reçurent la sépulture[1]. »

La mort de Fethi-Khan enleva à Mahmoud tout son prestige et toute son autorité; aussi la chute du ministre fut-elle suivie de près par celle du souverain. Une petite insurrection ayant éclaté dans le Caboulistan, le roi n'osa y tenir tête, s'enfuit à Hérat et se plaça sous la protection de la Perse. Il mourut en 1829, laissant sa succession à son fils Kamran.

---

[1] Capitaine BURNES, traduction de M. Eyriès.
[2] *Idem.*

En même temps Azim-Khan, gouverneur de Cachemire, et l'un des frères de Fethi-Khan, s'installait à Caboul et rappelait Schah-Choudja de l'exil ; mais il était écrit que la mauvaise fortune poursuivrait sans relâche ce malheureux prince. Au moment où il allait recevoir officiellement les propositions d'Azim-Khan, Choudja insulta gravement un des envoyés de ce dernier et fit connaître ses idées gouvernementales, de telle façon qu'Azim-Khan résolut de se donner pour maître un souverain plus complaisant. Eyoub, frère de Choudja, s'étant présenté sur ces entrefaites, fut placé sur le trône et y resta quelques années, véritable roi fantôme, sans initiative et sans pouvoir, instrument docile des volontés d'Azim-Khan qui portait le titre de vizir. Quant à Schah-Choudja, il se retira d'abord à Schikarpoor, puis à Loudiana où il vécut d'une pension qui lui était accordée par le gouvernement anglais.

Sur ces entrefaites des troubles éclatèrent de tous côtés en Afghanistan, et les Sicks profitèrent de ces désordres intérieurs pour enlever la province de Cachemire et se rendre maîtres absolus de la rive gauche de l'Indus ; en 1822, Rendjüt-Sing porta même ses armes de l'autre côté du fleuve, battit complétement les Afghans à Nouchero et s'empara de Peschawar.

Azim-Khan, cruellement affecté par ces désastres, ne put survivre aux malheurs de son pays ; sa mort fut le signal de nouvelles guerres civiles ; Eyoub s'enfuit à Lahore, et avec ce prince s'évanouit cette monarchie des Douranis, qui, fondée par Ahmed-Schah, avait, à son début, donné à l'Afghanistan tant de jours de gloire et de prospérité ; elle avait duré soixante-seize ans ; les frères d'Azim-Khan se disputèrent avec acharnement les débris du royaume, et après de longues années de luttes sanglantes, l'un d'eux, Dost-Mohammed, monta sur le trône de Caboul. Nous verrons se dérouler les événements qui se sont passés sous son règne et celui de son successeur Schere-Ali, dans le chapitre suivant, tout en examinant les relations des puissances européennes et notamment de l'Angleterre avec les souverains de l'Afghanistan.

VIII.

RELATIONS POLITIQUES DE L'ANGLETERRE AVEC L'AFGHANISTAN, DEPUIS LE COMMENCEMENT DU XIXe SIÈCLE JUSQUES ET Y COMPRIS LES ÉVÉNEMENTS QUI ONT AMENÉ LE CONFLIT ACTUEL.

« Depuis la plus haute antiquité, disait Abou-Jfazil à la fin du XVIe siècle, Caboul et Candahar ont été regardées comme les portes de l'Hindoustan, l'une y donnant accès du côté du Touran, l'autre du côté de l'Iran ; si ces deux places sont convenablement gardées, le vaste empire de l'Hindoustan est à l'abri des invasions étrangères. Cette remarque du célèbre auteur de l'Ayin-Akbari est aussi juste que profonde; elle est devenue le pivot de la politique anglaise dans l'Asie centrale. Lorsque les nouveaux maîtres de l'Inde, au commencement du siècle actuel, purent craindre une attaque de la France ou de la Russie du côté de l'ouest, ils cherchèrent à enchaîner étroitement la Perse à leurs intérêts pour couvrir l'Inde dans cette direction, et lorsque la Perse, cédant au prestige dont les victoires de Napoléon remplissaient le monde, rentra franchement dans l'alliance française, ils se replièrent sur l'Afghanistan [1]. »

La mission que l'empereur avait confiée en 1807 au général Gardane, près la cour de Perse, n'avait d'autre but en effet que de préparer la conquête de l'Inde ; elle eut pour contre-coup immédiat l'envoi d'une mission anglaise à Caboul, sous la conduite de M. Elphinstone.

C'est de ce moment que datent les premières relations officielles de l'Angleterre avec l'Afghanistan; mais cette alliance, qui était le but poursuivi par la mission anglaise, s'écroula en même temps que la dynastie des Douranis. Les luttes intestines qui suivirent la mort de Timour réduisirent, en effet, à néant les engagements pris, et, d'un autre côté, l'attitude correcte du gouvernement des Indes en faveur du prince Choudja dépossédé ne pouvait lui attirer les sympathies de son successeur au trône. Dost-Mohammed ne se montra cependant pas ostensiblement hostile à l'Angleterre dès son arrivée au pouvoir ; il pria même lord Aukland, alors gouverneur général de l'Inde, de lui prêter son concours « moral » pour reprendre à Rendjüt-Sing la province de Peschawar. Ce fut l'origine de la mission du capitaine Burnes à Caboul, mission qui fut immédiatement contrecarrée par celle du capitaine russe Wikowich.

A son retour de Caboul, le capitaine Burnes fit à son gouvernement un tableau si alarmant de la prépondérance conquise par les Russes dans ce pays, que lord Aukland résolut d'intervenir ouvertement dans sa politique intérieure et de détrôner Dost-Mohammed pour le remplacer par le prince Choudja. En échange de la protection qu'on allait lui accorder, ce dernier s'engagea par un traité signé à Lahore entre lui, le chef de la confédération des Sicks et le gouvernement indien, à abandonner toute idée ultérieure de revendication sur les possessions enlevées aux Afghans par Rendjüt-Sing sur les deux rives de l'Indus.

Le 1er octobre 1838, la guerre fut déclarée à l'Afghanistan. Une colonne anglaise, sous les ordres de John Keane, se concentra à

---

1 Vivien de Saint-Martin.

Quetta et marcha sur Candahar qu'elle enleva; quelques jours après les Anglais sont sous les murs de Ghazni et remportent une brillante victoire sur le fils de Dost-Mohammed, Gholam-Hyder-Khan qui commandait la place. En même temps le colonel Wade franchissait le Khyber, occupait Djellalabad et s'avançait sur Caboul. Dost-Mohammed dut abandonner sa capitale; il se retira au-delà de l'Hindou-Koh, et fut quelque temps après emprisonné par l'émir de Bouckhara auquel il avait demandé asile.

Le 7 août 1839, Schah-Choudja, couvert d'or et de bijoux, entouré d'une pompe magnifique, fit son entrée dans le Bala-Hissar, sous la protection de l'armée anglaise, et au milieu du concours d'une population plus curieuse que sympathique. Pour consolider ce pouvoir à peine né et déjà vermoulu, une armée d'occupation anglo-indienne, forte de 10,000 hommes, fut maintenue en Afghanistan et occupa les places de Caboul, Djellalabad, Candahar et Ghazni; le général Elphinstone commandait à Caboul, le général Roberts gardait l'entrée du Khyber, et le général Nott la route du Bolan.

Malgré toutes ces précautions, la tranquillité ne pouvait être longtemps maintenue, et de tous côtés des révoltes éclatèrent bientôt contre ce prince sans autorité ni prestige, affaibli au moral et au physique par les vices plus encore que par l'âge, et qui joignait à toutes ses imperfections le crime impardonnable d'étayer son trône sur une armée étrangère.

Bientôt Dost-Mohammed, échappant à son geôlier, vint lui-même se mettre à la tête des révoltés.

« Toute la contrée fut livrée aux plus grands troubles. Des expéditions incessantes furent nécessaires pour combattre les tribus réfractaires, et leurs succès n'assurèrent pas même au pays une tranquillité éphémère, tant était violente de tous côtés, parmi les populations, la haine de l'occupation étrangère. Enfin, en décembre 1841, une insurrection éclata à Caboul, et trouva de formidables auxiliaires dans les régiments afghans à la solde de l'Angleterre. L'envoyé anglais, sir William Mac Naghten, sir Alexander Burnes et plusieurs officiers furent massacrés. La faiblesse d'un vieux général infirme compliqua les dangers de la position. Des négociations entamées avec l'ennemi amenèrent une demi-capitulation, par laquelle les troupes anglaises s'engagèrent à évacuer l'Afghanistan, en livrant des otages, tous leurs trésors et la meilleure partie de leur artillerie. Ce traité préludait dignement aux désastres de la retraite qui suivit. Le 6 janvier, la force anglaise, composée de 690 hommes du 44e régiment de l'armée royale, de 2,480 cipayes, 970 cavaliers, 12,000 domestiques et suivants de l'armée accompagnés de femmes et d'enfants, entra dans les terribles défilés qui devaient littéralement lui servir de tombeau. Cette foule mélangée d'Européens et d'Asiatiques, combattants et non-combattants, sans provisions, sans artillerie suffisante, presque sans vêtements, n'était pas plus capable de supporter la froide température des montagnes que de lutter contre l'ennemi. Dès la première nuit, des hommes furent gelés au bivouac. La faim, le fer et le plomb des Afghans, traîtres à leur parole, complétèrent l'œuvre de destruction, et des 17,000 hommes qui quittèrent Caboul dans la fatale matinée du 6 janvier, un seul, le docteur militaire Brydon, épuisé par ses blessures et ses fatigues, monté sur un âne, échappa pour porter à la garnison de Djellalabad la nouvelle de l'immense massacre. En vain, pendant les journées qui suivirent, des détachements de la garnison anglaise parcoururent les environs de la forteresse ; en vain, au milieu du silence et des ténèbres de la nuit, les clairons sonnèrent sur les remparts, des fusées furent tirées dans les airs pour signaler aux survivants le port de refuge, — le docteur Brydon n'eut pas de compagnon.

« La belle défense de Djellalabad, sous le brigadier sir Robert Sale, permit au gouvernement de l'Inde de réparer ce grand désastre. Après deux mois d'un siége où les cipayes du Bengale rivalisèrent de loyauté et de courage avec les soldats de l'armée de la reine, la garnison de Djellalabad fut délivrée par les forces du général Pollock. La vengeance des Anglais, favorisée par les dissensions des Afghans, ne s'arrêta pas là, et, vers le milieu de juillet, deux corps d'armée, sous les ordres des généraux Nott et Pollock, envahissaient de nouveau l'Afghanistan. Les soldats anglais, en traversant les montagnes, retrouvèrent les muets témoignages de la catastrophe des premiers jours de l'année. A chaque pas, des squelettes décapités attestaient la férocité des vainqueurs acharnés à l'œuvre de sang. Le succès le plus complet couronna cette seconde entreprise. Les Anglais réoccupèrent en maîtres Caboul, Ghazni, et ne commencèrent leur mouvement de retraite en octobre qu'après avoir rasé les principales forteresses du pays, livré aux flammes le Bala-Hissar (citadelle et palais royal de Caboul), et obtenu la mise en liberté de soixante prisonniers, seuls survivants du massacre, et la plupart femmes ou enfants. Parmi eux, lady Sale, femme du brave défenseur de Djellalabad, et qui depuis a retracé, en des pages d'une touchante et héroïque simplicité, l'histoire des événements militaires, de la retraite et de la captivité des prisonniers anglais [1]. »

Après avoir relevé le prestige de leurs armes, les Anglais conclurent un traité de paix avec Dost-Mohammed et vécurent par la suite en bonne intelligence avec lui.

---

[1] M. DE VALBEZEN, *Les Anglais et l'Inde.*

Dost-Mohammed mourut en 1863, et immédiatement des luttes sanglantes mirent aux prises les membres de sa famille. Schere-Ali, successeur désigné de son père, eut à combattre successivement ses trois frères Mohammed-Azim, Mohammed-Afzal et Mohammed-Amin, et ce ne fut qu'en 1869, après sa victoire de Ghazni, qu'il put se considérer comme maître du pays. Pendant ces guerres civiles, Schere-Ali avait été puissamment secondé par son fils Yacoub-Khan; il voulut le récompenser en lui donnant la vice-royauté de Hérat; mais Yacoub, très-populaire à cause de son courage et de son talent, devint peu à peu si puissant que son père en prit ombrage, et désigna, en 1873, pour lui succéder en cas de mort, Abdoullah-Djan, fils de sa femme favorite. C'était frustrer Yacoub-Khan; un de ses oncles, chef d'une des plus importantes tribus du Khyber, protesta les armes à la main, et fit reculer les troupes que Schere-Ali avait envoyées à sa rencontre; aussitôt l'émir feignit de pardonner, et appela son fils à Caboul où il le retint jusqu'à ces derniers temps dans une prison dorée.

Pendant ces guerres civiles, le gouvernement des Indes, tout en conservant une passivité magistrale, « masterly inactivity, » n'avait cessé cependant d'accueillir avec empressement toutes les occasions qui se présentaient d'entretenir de bons rapports avec Schere-Ali, lequel n'avait reçu toutes ces avances qu'avec la plus grande froideur, refusant, chaque fois que la proposition lui en était faite, de recevoir des officiers anglais comme représentants accrédités de leur gouvernement auprès de sa personne.

En 1872, le général Goldsmid ayant été choisi pour arbitre entre l'Afghanistan et la Perse, dans la question du partage de Seistan, rendit un jugement qui ne satisfit ni l'une ni l'autre des deux puissances, et qui resta un motif de rancune sérieuse pour Schere-Ali à l'égard de l'Angleterre.

Cependant, en 1873, la prise de Khiva par les Russes et la complète soumission de ce khanat à la Russie, effrayèrent l'émir de Caboul, qui se décida à faire part de ses appréhensions au vice-roi des Indes.

Les événements qui se succédaient alors dans le Turkestan auraient dû peut-être engager l'Angleterre à sortir de sa passivité. Cependant celle-ci, « jugeant que le but de l'émir était simplement de s'assurer définitivement de la mesure dans laquelle il pouvait compter sur l'aide du gouvernement britannique si ses territoires venaient à être menacés par la Russie, crut devoir se borner à lui assurer que, à de certaines conditions, le gouvernement de l'Inde l'aiderait à repousser toute agression non provoquée. L'émir insista; mais le gouvernement anglais ne partageait pas ses appréhensions, et lord Northbrook, le vice-roi, l'informa définitivement que la discussion sur ce point pourrait être à un moment plus convenable. L'effet produit par cette déclaration, quoique faite sur le ton le plus conciliant, ne fut pas favorable ; et il la reçut avec un sentiment de rancune et de désappointement en même temps. Sa réponse à la communication de lord Northbrook était conçue en termes sarcastiques mal déguisés ; il ne fit pas de cas de la proposition du vice-roi de députer un officier anglais pour inspecter la frontière du nord de l'Afghanistan, et plus tard il refusa à sir Douglas Forsyth la permission de revenir de Kashgar dans l'Inde par Caboul. Il ne toucha pas à une somme d'argent que le gouvernement avait mise à sa disposition ; en un mot, il prit en général une attitude soudaine de réserve méfiante [1]. »

Arrêtons-nous un instant ici pour examiner quelle était à cette époque la situation respective de l'Angleterre et de la Russie dans l'Asie centrale.

Dans une circulaire datée du 21 novembre 1864, le prince Gortchakoff, exposant la position faite à la Russie dans l'Asie centrale et les intérêts qui devaient y être le mobile de sa politique s'exprimait ainsi :

« La position de la Russie dans l'Asie centrale est celle de tous les états civilisés qui se trouvent en contact avec des peuplades à demi sauvages, errantes, sans organisation sociale fixe. Il arrive toujours, en pareil cas, que l'intérêt de la sécurité des frontières et celui des relations de commerce, exigent que l'état le plus civilisé exerce un certain ascendant sur des voisins que leurs mœurs nomades et turbulentes rendent fort incommodes. On a d'abord des incursions et des pillages à réprimer. Pour y mettre un terme, on est forcé de réduire à une soumission plus ou moins directe, les peuplades limitrophes. Une fois ce résultat atteint, celles-ci prennent des habitudes plus tranquilles, mais elles se trouvent à leur tour exposées aux agressions des tribus plus éloignées. L'état est obligé de les défendre contre ces déprédations et de châtier ceux qui les commettent ; de là la nécessité d'expéditions lointaines, coûteuses, périodiques. Si l'on se borne à châtier les pillards et que l'on se retire, la leçon est bientôt perdue ; la retraite, surtout dans l'esprit des peuples de l'Asie, est mise sur le compte de la faiblesse ; il faut donc poser les bases d'un système sur des conditions géographiques et politiques fixes et permanentes. Le tracé de nos frontières devait par conséquent englober les tribus nomades et s'arrêter à la limite des populations agricoles et commerçantes ; bien souvent, dans ces dernières années, on s'est plu à assigner pour mission à la Russie

---

1 Extrait d'un rapport adressé au vice-roi des Indes par lord Cranbrook, secrétaire d'état pour l'Inde, le 18 novembre 1878.

de civiliser les contrées qui l'avoisinent sur le continent asiatique. Les progrès de la civilisation n'ont pas d'agent plus efficace que les relations commerciales. »

A l'époque où parut cette note, la frontière russe allait déjà du Syr-Daria au lac Issyck ; mais depuis, comme avant, et en vertu toujours des raisons développées ci-dessus, le gouvernement russe a entrepris de nombreuses campagnes qui ont englobé dans ses possessions tour à tour Taschkend, Khokand, Samarkand, etc.

Cette extension continuelle des frontières russes vers le sud ne pouvait manquer d'inspirer des craintes à l'Angleterre ; 1,500 kilomètres séparaient la Russie des Indes, il y a quatre-vingts ans ; aujourd'hui la distance entre les deux empires n'est plus que de 500 kilomètres à peine.

Moins d'un an après l'envoi de la circulaire du prince Gortchakoff, le 28 juin 1865, Taschkend tombait entre les mains des Russes ; ce fut en vain que le gouverneur général d'Orenbourg lança une proclamation dans laquelle il était dit que le czar n'avait aucun désir de conquêtes nouvelles, que le czar lui-même et le prince-chancelier donnaient les mêmes assurances à l'ambassadeur de Londres à Saint-Pétersbourg, toutes ces déclarations ne purent calmer les craintes si brusquement réveillées de l'Angleterre, et ce fut d'un œil de plus en plus anxieux qu'elle regarda la frontière civilisatrice s'enfoncer chaque jour davantage dans le Turkestan et enserrer Samarkand ; bientôt l'émir de Bouckhara fut obligé de se reconnaître tributaire de la Russie, dont l'empire ne fut plus séparé de celui des Indes que par la partie la plus étroite du Turkestan oriental et par l'Afghanistan.

C'est alors que le gouvernement anglais conçut le projet de faire considérer l'Afghanistan comme une sorte de zone neutre. La Russie accepta la discussion sur ce terrain, et, à ce sujet, le prince Gortchakoff écrivait le 7 mars 1869 à l'ambassadeur de Russie à Londres, le baron Brunnow : « Veuillez bien donner de nouveau au premier secrétaire d'état de S. M. britannique, l'assurance positive que l'empereur considère l'Afghanistan comme étant complétement en dehors de la sphère dans laquelle la Russie peut être appelée à exercer son influence. »

Les négociations s'engagèrent dès le mois d'avril 1869 ; lord Clarendon, au nom du gouvernement anglais, proposait de fixer à l'Amou-Daria la limite septentrionale de la zone neutre, mais le chancelier de Russie ne voulut pas admettre de telles prétentions et demanda qu'on se bornât à examiner la question de l'Afghanistan proprement dit, considéré comme zone neutre ; en même temps le prince Gortchakoff affirmait encore au cabinet de Londres qu'aucune intervention ou ingérence quelconque contraire à l'indépendance de l'Afghanistan n'entrait dans les idées de l'empereur ; il ajoutait même qu'il était loin de voir avec déplaisir la prépondérance de l'Angleterre dans cette contrée, puisqu'elle pouvait par son influence utilement agir sur les décisions de Schere-Ali et calmer ses ambitions.

Mais de nouvelles difficultés surgirent; on ne put s'entendre sur la question de savoir quelles étaient exactement les limites des possessions de l'émir, et l'expédition des Russes à Khiva rompit définitivement les négociations.

Telle était la situation en 1876; à cette époque, lord Lytton fut nommé vice-roi de l'Inde anglaise, et le ministère préoccupé des nouvelles reçues du Turkestan, ainsi que des relations intimes qui s'établissaient entre le général Kauffmann et Schere-Ali, donna pour instruction au vice-roi d'offrir à l'émir l'appui et la protection qu'il avait sollicités auparavant du gouvernement de l'Inde, mais en y joignant la condition que Schere-Ali ouvrirait à un ou plusieurs agents anglais l'accès de différentes localités de son territoire, à l'exception de Caboul, sans que du reste ces agents pussent contrarier en rien l'action de son gouvernement. Cette démarche n'aboutit qu'à un échec.

Une conférence réunie à Peschawar n'eut aucun résultat; le langage et la conduite que Schere-Ali y fit tenir par son ambassadeur furent de plus en plus hautains et agressifs, et cet ambassadeur étant mort subitement, les pourparlers furent abandonnés sans chances de pouvoir jamais reprendre. Le cabinet anglais se résolut alors à attendre les événements tout en restant dans une vigilante réserve.

Cependant le général Kauffmann continuait à étendre la domination russe vers le sud du Turkestan; sa marche était rapide, ses succès étaient brillants et de nature à frapper l'esprit des populations de l'Asie centrale, en leur montrant la puissance de la Russie.

Le bruit se répandit même bientôt que le général Kauffmann avait fait agréer un représentant de son gouvernement par Schere-Ali, et que l'émir avait reçu avec ostentation une ambassade du czar en un moment où une rupture paraissait imminente entre l'Angleterre et la Russie.

Le cabinet de Londres s'émut de cette nouvelle et ordonna alors au vice-roi de l'empire anglais des Indes d'envoyer aussitôt un ambassadeur à Caboul, avec une escorte suffisante pour le préserver contre toute tentative (août 1878).

S'il fallait en croire cependant les journaux russes, le but de la mission envoyée par leur gouvernement était simplement de nouer de nouvelles relations commerciales avec l'Afghanistan, et tout au plus de remercier Schere-Ali de la neutralité observée par lui dans la dernière guerre; quatre interprètes et vingt-deux cosaques, voilà toute l'escorte qui avait accompagné le général Stoliétof et lui avait permis d'arriver sans encombre jusqu'à Caboul. Y avait-il donc là motif sérieux pour émouvoir l'opinion anglaise, troubler le cabinet britannique, faire sortir l'administration anglo-indienne de son sang-froid, annoncer au Parlement que l'envoi d'une mission égale *en prestige et en force* à la mission russe avait été résolue, et décider du même coup de faire accompagner la mission anglaise par une véritable petite armée?

Sans vouloir insister sur les idées développées à ce sujet par la presse russe et sur tous les récits faits dans l'intérêt de chacune des causes, je citerai cependant un article d'un journal de Saint-Pétersbourg, le *Rousski-Mir* (Monde russe), publié dans la première quinzaine d'octobre 1878, sous la forme d'une correspondance particulière de Taschkend, et qui contient des informations fort intéressantes et d'un caractère évidemment officieux sur l'histoire et les résultats de la mission russe :

« Le 16 septembre (du style russe), vers midi, une mission afghane est arrivée dans notre ville. Pour faire comprendre à quel enchaînement de circonstances nous devons cette surprise, il faut un peu remonter en arrière et commencer par dire que dès le 14 juillet (2 juillet à la russe) le général-major Stoliétof, avec le colonel Rozgonof, quatre interprètes et vingt-deux cosaques, était parti de Samarkand pour Caboul.

« D'après des renseignements puisés à bonne source, je puis vous communiquer que notre mission avait pour objet de nouer des relations commerciales directes tant avec l'Afghanistan qu'avec l'Inde, et en outre d'exprimer à l'émir Schere-Ali notre gratitude pour la manière dont il avait agi envers la Russie pendant la guerre russo-turque. Le 18 juillet (6 du vieux style) notre mission atteignit la ville de Mazari-Chériff, dont le gouverneur avait reçu de l'émir ordré d'accompagner nos envoyés jusqu'à Caboul; mais comme ce gouverneur était justement tombé malade, on crut devoir attendre son rétablissement. La guérison espérée ne vint pas, et sept jours après l'arrivée du général Stoliétof, le gouverneur mourut. Notre mission poursuivit alors son chemin, accompagnée seulement par des guides.

« Le 11 août (29 juillet) elle était arrivée à Caboul, où l'émir donnait l'ordre de la loger dans une aile de son palais. Le lendemain, l'émir, entouré de tous ses ministres et des autres personnages de sa cour, la reçut solennellement. Il fut très-aimable et prescrivit à ses ministres de montrer aux Russes tout ce qu'il y a de remarquable à Caboul. Il offrit à la mission plusieurs dîners de gala et le spectacle d'une grande revue. Il y a en tout 40,000 hommes de troupes à Caboul même, m'a-t-on dit ; les régiments portent, pour la plupart, des uniformes à l'anglaise. Quant à l'armement, il n'est pas si médiocre qu'on le dit dans les journaux anglais, au contraire : toute l'infanterie est armée de fusils anglais à tir rapide et l'artillerie compte un grand nombre de pièces se chargeant par la culasse.

« Schere-Ali, pour montrer à quel haut prix il estime l'amitié de la Russie, demanda au général-major Stoliétof s'il ne lui serait pas possible d'emmener avec lui à Taschkend des envoyés afghans qui remercieraient le commandant en chef des troupes de la circonscription militaire du Turkestan, le général Kauffmann, du grand honneur fait à l'émir. Voilà comment il se fait qu'une mission afghane vient d'arriver heureusement à Taschkend, comme je vous l'écrivais plus haut. Le principal envoyé est le ministre de l'intérieur, Mounchi-Mohammed-Hassan-Khan. Il paraît avoir environ quarante ans ; il est de petite taille, très-brun de visage, avec une épaisse barbe noire ; il porte un caftan (bechmet) d'étoffe légère. Son regard est très ferme. La mission comprend, en outre, l'aide de camp personnel de Schere-Ali, ayant le grade de colonel, deux officiers d'état-major et un trésorier.

« Le 17 septembre (5 du style russe), à deux heures de l'après-midi, le général Kauffmann a reçu la mission dans sa maison de campagne, en présence des fonctionnaires de la circonscription du Turkestan. L'envoyé prit vivement la parole en langue persane, en s'exprimant si vite que le général Stoliétof eut grand'peine à traduire tout ce qu'il disait. On a commandé, pour faire honneur à la mission afghane, une représentation de gala au théâtre de Taschkend ; il y aura aussi une grande revue. La mission passe ses soirées dans le parc du général Kauffmann et y écoute la musique avec plaisir. On dit qu'elle doit se rendre à Saint-Pétersbourg, mais je ne voudrais pas garantir l'authenticité de cette nouvelle ; tout ce que je puis dire, c'est que le général Stoliétof a quitté Taschkend le 22 (10) septembre pour aller à Livadia.

« J'ai vu les présents destinés à la mission afghane. C'est d'abord une coupe en argent, à couvercle, pour Mounchi-Mohammed-Hassan-Khan ; une aiguière en argent pour l'aide de camp ; un verre et un bocal en argent pour les deux officiers d'état-major. Comme tous les membres de la mission fument la cigarette, le général Kauffmann a offert à chacun d'eux un étui à cigarettes en argent. De plus il a fait acheter du drap de très-belle qualité, et il en fait donner au ministre pour quatre caftans, à l'aide de camp pour trois, aux officiers pour deux. On ne sait pas encore quel présent est réservé à l'émir lui-même[1]. »

---

[1] Traduction donnée par le journal *le Temps*.

Mais revenons à ce qui concerne la mission anglaise. Elle fut
confiée à sir Neville Chamberlain, que ses brillants services rendus
dans l'armée et dans la diplomatie, ainsi que ses anciennes relations personnelles avec Schere-Ali, désignaient tout naturellement
pour ce choix. Sir Neville Chamberlain se rendit immédiatement à
Peschawar, où se réunissait en même temps son escorte, composée
d'environ 1,000 cavaliers, quelques troupes d'infanterie, une légion
de serviteurs et tout un convoi de bagages. Aussitôt installé à Peschawar, l'ambassadeur fit annoncer à l'émir l'objet de son voyage
par l'intermédiaire de Nawab-Gholam-Hussein-Khan, indigène au
service de l'Angleterre qui, pendant plusieurs années, avait résidé
à Caboul comme représentant du gouvernement anglais.

Voici quelques détails biographiques sur le chef de la mission
anglaise et sur son messager.

Sir Neville Chamberlain est le second fils de sir Henry Chamberlain, depuis de longues années chargé d'affaires au Brésil. Il est né
en 1820, et entra au service de la compagnie des Indes à l'âge de
16 ans. Il prit une part brillante à la campagne de l'Afghanistan,
sous les ordres de sir John Keane, et y reçut de nombreuses blessures; plus tard, il combattit les Sicks et se distingua dans la
lutte contre l'insurrection des cipayes. En 1859, le gouvernement
lui confia le commandement des forces militaires du Pendjab; en
1863, il se signala dans l'expédition d'Umballa et y fut sérieuse-
ment blessé. Il était autrefois très-affectionné et estimé par Schere-
Ali, qui recherchait fort sa société pendant le séjour qu'il fit dans
l'Inde anglaise.

Nawab-Gholam-Hussein-Khan est fils de Achik-Mohammed-
Khan, chef d'un district du Pendjab, voisin de Dera-Ismaïl-Khan.
Il se rendit à Lahore après la mort de son père, et aida les Anglais à combattre une première rébellion des peuplades frontières.
Un de ses faits d'armes les plus remarquables fut alors la prise
du fort de Laki. Pendant l'insurrection de 1856, il organisa et
dirigea un corps de cavalerie de 2,000 hommes, qui rendit les
plus grands services et dont fut formé ensuite le régiment Cure-
ton. Ce corps fut engagé brillamment dans seize combats, sous
les ordres de Gholam-Hussein; ce brillant soldat reçut pour prix
de ses services le titre de Khan-Kabadur, la croix de l'ordre du
Mérite et une pension annuelle de 72 livres (1,800 francs). Après
l'insurrection, Gholam-Hussein fut envoyé à Caboul comme résident, et son attitude dans ce poste difficile a été on ne peut plus
correcte; Schere-Ali aussi bien que le gouvernement des Indes lui
en exprimèrent plus d'une fois leur satisfaction. A son retour de
Caboul, il fut élevé au rang de nawab, et, en 1868, il reçut l'Etoile
de l'Inde. Dans la même année, il fut nommé au commandement de

l'armée de Bhawulpur; mais, sur sa demande, il ne conserva pas ce poste; on lui confia le commandement de la cavalerie indigène de Moultan, et il servit sous les ordres de lord Napier, à Magdala, comme aide de camp. Pendant la visite du prince de Galles, il fut attaché à l'état-major de S. A. R. On lui donna ensuite un domaine dans le district de Bannu. Les relations personnelles que Gholam-Hussein avait entretenues avec Schere-Ali pendant son séjour à Caboul, le tact qu'il avait montré dans maintes circonstances critiques, le désignaient au choix de sir Neville Chamberlain pour remplir la mission délicate dont il fut chargé.

Gholam-Hussein partit de Peschawar le 29 août 1878, porteur de deux lettres du vice-roi pour l'émir : l'une annonçait l'arrivée prochaine de la mission, l'autre était une lettre de condoléance à propos de la mort d'Abdullah-Jan, survenue tout récemment.

Ces lettres restèrent sans réponse, et, le 20 septembre, le général Chamberlain pensant, avec juste raison, que sa dignité d'ambassadeur ne lui permettait pas d'attendre davantage, se décida à marcher en avant. Le 21 septembre, au matin, son avant-garde, sous la conduite du major Cavagnari, se dirigea sur la passe du Khyber et arriva sans encombre en vue du fort Ali-Medsjid; mais là, le commandant de la place, Faïz-Mohammed, fit connaître au chef du détachement anglais qu'il ne pouvait aller plus loin, et que ses ordres étaient si formels qu'il n'hésiterait pas un seul instant à employer la force, si cela était nécessaire, pour empêcher la mission britannique de passer outre. Devant une telle attitude, il n'y avait plus à concevoir d'illusions sur les résultats que pourrait obtenir Gholam-Hussein à Caboul; cependant, le gouvernement de la reine ordonna à lord Lytton de temporiser encore, et d'envoyer à l'émir un ultimatum dans lequel on réclamerait de lui, en termes modérés, des excuses convenables et catégoriques, ainsi que l'acceptation d'une mission diplomatique permanente et la promesse de respecter ou indemniser les tribus alliées des Anglais. La réponse de l'émir à cet ultimatum n'étant pas parvenue au gouvernement des Indes dans les délais voulus, la guerre fut déclarée à l'Afghanistan, et les colonnes anglaises franchirent la frontière sur trois pointes à la fois, le 21 novembre 1878.

Paris. — Imprimerie J. DUMAINE, rue Christine, 2.

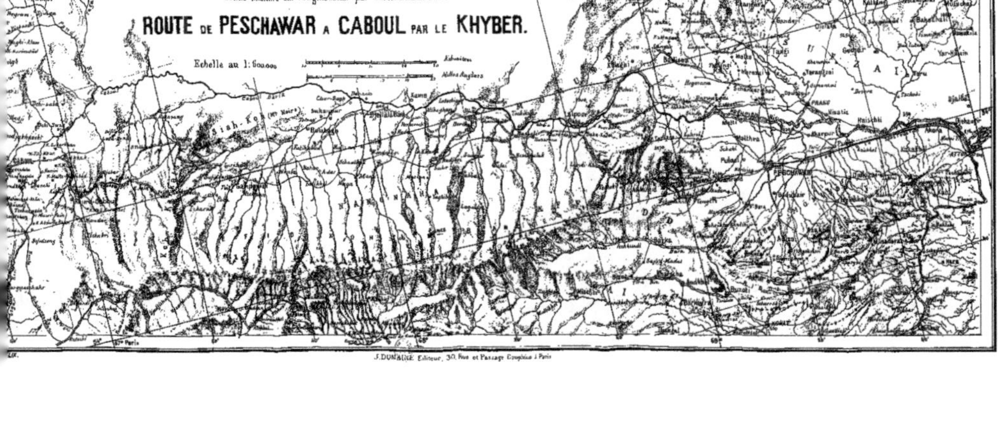

Etude militaire sur l'Afghanistan par M. A. MARIOTTI.
ROUTE DE PESCHAWAR A CABOUL PAR LE KHYBER.
Echelle au 1:600.000
Kilomètres
Milles Anglais

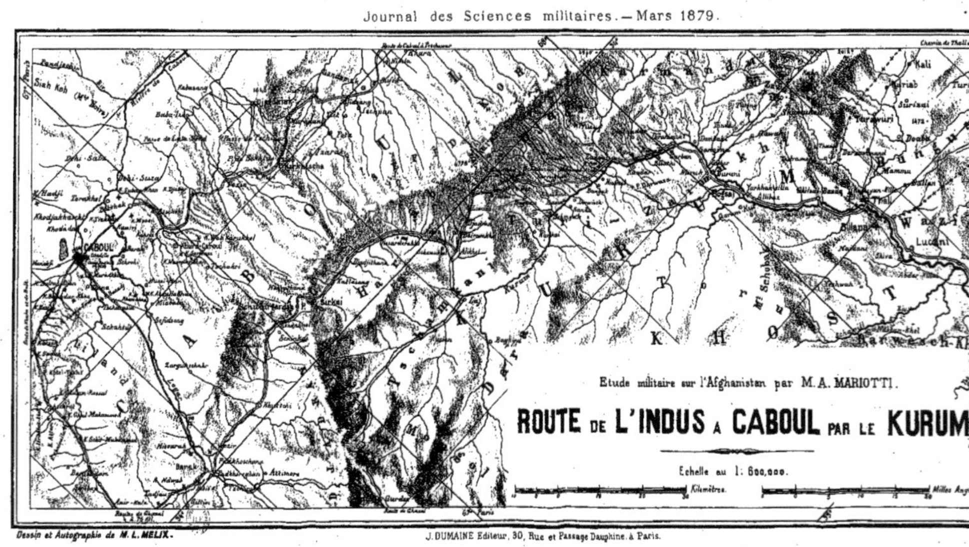

Dessin et Autographie de M. L. MELIX.   J. DUMAINE Editeur, 30, Rue et Passage Dauphine, à Paris.

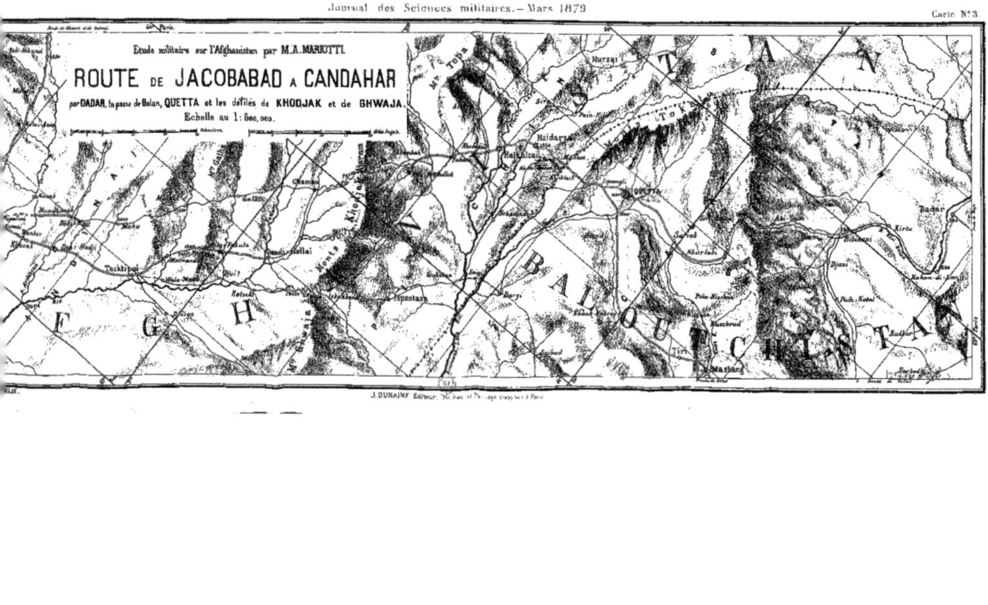

Etude militaire sur l'Afghanistan par M. A. MARIOTTI

ROUTE DE JACOBABAD A CANDAHAR

par DADAR, la passe de Bolan, QUETTA et les défilés de KHODJAK et de BHWAJA.

Echelle au 1: 600,000.

J. DUMAINE Editeur, 30, rue et passage Dauphine, à Paris.

www.ingramcontent.com/pod-product-compliance
Ingram Content Group UK Ltd.
Pitfield, Milton Keynes, MK11 3LW, UK
UKHW021744090726
13657UKWH00002B/911